Julia Kayser

Hans-Ulrich Mielsch

Die Schweizer Jahre berühmter Komponisten

Hans-Ulrich Mielsch

Die Schweizer Jahre berühmter Komponisten

Verlag
Neue Zürcher Zeitung

ISBN 3 85823 376 5
Printed in Switzerland

Inhaltsverzeichnis

Zu diesem Buch

Fast alle Komponisten sind irgendwann einmal in ihrem Leben in der Schweiz gewesen, denn seit dem Beginn des 19. Jahrhunderts gilt sie als das Reiseland par excellence. Für die acht Komponisten aber, denen dieses Buch gewidmet ist, war sie mehr: sie kamen, sie blieben und sie komponierten in der Schweiz, und für manchen von ihnen wurde sie zur zweiten Heimat. Die Reihe der bedeutenden Werke, die dabei entstand, ist derartig überraschend und eindrucksvoll – denkt man an Franz Liszts Klavierzyklus La Suisse, an Richard Wagners Tristan und den Ring des Nibelungen, an Igor Strawinskys Histoire du Soldat oder an die Vier letzten Lieder von Richard Strauss – dass die Beschäftigung mit diesen Jahren nicht nur zu einer Wanderung durch die Schweiz, sondern auch zu einer Entdeckungsreise in der Musikgeschichte wird.

Was hat diese grossen Menschen in die Schweiz geführt? Es war natürlich auch ihre berühmt schöne Landschaft, die sich für kompositorische Sommerferien empfahl, wie im Fall von Johannes Brahms. Im Leben von Franz Liszt war der Anlass für seine Flucht in die Schweiz eine hochromantische Liebesgeschichte. Richard Wagner kam das eine Mal als politischer Flüchtling – das andere Mal rettete er sich aus einem Knäuel privater und finanzieller Verstrickungen hierher. Felix Mendelssohn kehrte nach dem Tod der geliebten Schwester dahin zurück, wo er in ihrer Gesellschaft so glücklich gewesen war. Igor Strawinsky wiederum verbrachte die Zeit des Ersten Weltkriegs im selbstgewählten Exil am Genfer See. All das ergibt ein inniges Bezugsgeflecht aus Lebensschicksalen, Musik und Landschaft.

Was diese schöpferischen Menschen in der Schweiz gesucht haben, war der Friede und ein Platz, an dem sie arbeiten konnten. Der Reichtum der hier entstandenen Meisterwerke ist der Beweis, dass sie beides in der Schweiz gefunden haben, und das bedeutet, besonders im schwankenden Europa des 20. Jahrhunderts, sehr viel.

Darum soll dieses Buch nicht nur an die Schweizer Jahre dieser Komponisten und an ihre Werke erinnern, sondern ist auch eine Hommage an die Schweiz selbst. Sie mag ihnen in den schwierigen Zeitläufen wie ein rettender Hafen erschienen sein. Dass auch die Landschaft der Schweiz für sie zu einer Inspirationsquelle wurde, davon zeugen Passagen und selbst Titel mancher ihrer Werke.

Dieses Buch möchte den Leser anregen, den Spuren dieser Komponisten nachzugehen, ihn neugierig machen, das eine oder andere der in der Schweiz geschriebenen Werke kennenzulernen und Querverbindungen wahrzunehmen zwischen der Musik und den Umständen, unter denen sie entstand.

Nicht zuletzt möchte es auch ein ganz persönlicher Dank des Verfassers an dieses schöne Land sein, in dem er seit 20 Jahren zu Gast ist.

Felix Mendelssohn

Den Beginn des Streichquartetts op. 80 in f-Moll von Felix Mendelssohn erlebt man wie den Einbruch des Entsetzens in die sonst so glückhafte Welt des Komponisten. Der Rahmen der Kammermusik einer gesitteten Welt wird auf rücksichtslose Weise gesprengt – aus Elfenspuk ist bitterer Ernst geworden. Das Werk entstand im Sommer 1847 in Interlaken und trägt eindeutig biographischen Charakter – was war geschehen?

Vollkommen erschöpft von den Strapazen einer Konzertreise durch England, erhielt Felix Mendelssohn bei seiner Ankunft in Frankfurt die Nachricht vom Tode seiner Schwester Fanny. Berichtet wird, er sei mit einem Aufschrei zu Boden gestürzt und erst nach Stunden wieder zur Besinnung gekommen. Mit der Schwester hatte er sein alter ego verloren – Fanny hatte für ihn die überglückliche, in seiner Musik stets gegenwärtige Jugend verkörpert.

Wilhelm Hensels Zeichnung seiner Frau Fanny Mendelssohn zeigt eine ungewöhnlich anziehende junge Frau, stilisiert und wohl auch idealisiert als Flora mit einem Kopfschmuck aus Blumen und Früchten. Es dominieren die mandelförmigen, grossen Augen und die dichten Augenbrauen. Das inspirierte Portrait hat bei aller Anmut etwas Enthusiastisches, was auch der Zauber der Schwester gewesen sein muss.

Fanny war die Vertraute und das musikalische Gewissen schon des kleinen Felix gewesen, sie kannte seine Musik, oft ehe er sie zu Papier brachte. Selbstbewusst schrieb sie 1822, Felix war damals 13 Jahre alt: «Bis zu dem jetzigen Zeitpunkt besitze ich sein uneingeschränktes Vertrauen. Ich habe sein Talent sich Schritt für Schritt entwickeln sehen und selbst gewissermassen zu seiner musikalischen Ausbildung beigetragen. Er hat keinen musikalischen Ratgeber als mich, auch sendet er nie einen Gedanken aufs Papier, ohne ihn mir vorher zur Prüfung vorgelegt zu haben».

Fanny starb während sie im elterlichen Hause in Berlin eine Probe der «Walpurgisnacht» von Felix Mendelssohn leitete. Sie selbst war, wie man heute weiss – es gibt Schallplatten mit Einspielungen ihrer Werke – eine begabte Komponistin. Dass man zu ihrer Zeit als Frau mit solchen Talenten nicht ernst genommen wurde, ertrug sie, ihren Briefen nach zu urteilen, mit Fassung und einigem Spott. Der Druck ihrer Familie, ihre «gute Erziehung» und die Liebe zu ihrem vergötterten Bruder liessen sie auf eine eigene schöpferische Karriere verzichten.

Ihr Klaviertrio in d-Moll ist von grossem leidenschaftlichem Atem und bemerkenswertem kompositorischem Geschick. Felix Mendelssohn veröffentlichte sechs Lieder der Schwester unter seinem eigenen Namen in den Liedersammlungen op. 8 und op. 9, was an die Aufnahme der herrlichen Suleika-Gedichte Marianne von Willemers in den westöstlichen Diwan durch Goethe erinnert. Denkmal grosser Vertrautheit und Liebe dort wie hier. Fanny war zudem eine hervorragende Pianistin – Komplimente, die man Mendelssohn wegen seines Klavierspiels machte, pflegte er mit der Bemerkung zu quittieren: «Sie kennen meine Schwester nicht!»

In der Beschreibung ihrer gemeinsamen Jugend kommt man unweigerlich ins Schwärmen. Liest man die Zeugnisse dieser Zeit, so erscheint sie einem tatsächlich als ein Märchen. Geht man zu weit, wenn man in dem illusionären Charakter der Musik Mendelssohns eine unbewusste Projektion dieser feenhaften Jugend sieht?

Die ungewöhnlich starke Verwurzelung Mendelssohns in seiner Familie nimmt bei den Talenten seiner Vorfahren und dem sprichwörtlichen jüdischen Familiensinn nicht wunder. Erinnert sei an den Grossvater, den Philosophen Moses Mendelssohn, den Freund Lessings und das Vorbild des «Nathan». Von ihm scheint Fanny neben der leicht verwachsenen Schulter auch die Heftigkeit der Gefühle geerbt zu haben.

Der Vater Abraham konnte als erfolgreicher Bankier seiner Familie einen Lebensrahmen von geradezu fürstlichem Zuschnitt bieten. Sich selbst und seine Stellung in der Familie beschrieb er selbstironisch wie folgt: «Früher war ich der Sohn meines Vaters, jetzt bin ich der Vater meines Sohnes. Zwischen Vater und Sohn stehe ich gewissermassen wie ein Gedankenstrich.»

Die Erziehung von Fanny und Felix war prinzlich, aber streng. Der gewaltige Stundenplan wurde von den hochbegabten Kindern spielend bewältigt und keineswegs als Belastung empfunden. Sie beherrschten fünf Sprachen und musizierten wie die Engel. Daneben hatten sie einen Hauslehrer für Landschaftsmalerei, lernten tanzen, schwimmen und reiten. Kompositionsunterricht aber erteilte ihnen Friedrich Zelter, der Freund und Intimus des alten Goethe, dem er die Wunderkinder denn auch stolz präsentierte.

Nach der Übersiedlung in das von der Recksche Anwesen, das Abraham 1825 erworben hatte, stand ihnen sonntags ein kleines Orchester zur Verfügung, sozusagen als Belohnung, das sie bei Klavierkonzerten von Bach und Mozart begleitete. Für diese Sonntagsmusiken entstanden die zwei Konzerte für 2 Klaviere und die Schweizer Streichersymphonien – später auch die Sommernachtstraum-Ouverture und das Oktett op. 20.

Den Rahmen dieser Konzerte darf man sich ebenso bezaubernd wie die Musik selbst vorstellen, die für sie geschrieben wurde. Die neuerworbene Besitzung war von einem Park von 7 Hektar umgeben und besass neben dem Haupthaus und den Wirtschaftsgebäuden einen Gartensalon und einen Konzertsaal für mehrere hundert Personen. Ein Sommernachtstraum nicht nur von Shakespeare, sondern auch aus dem alten Berlin.

Die Kompositionen des jungen Mendelssohn, zu denen auch die schon genannten Schweizer Symphonien für Streicher gehören, sind von staunenswerter Vollkommenheit: Beglückende Leichtigkeit der Erfindung in vollendetem Gleichgewicht mit der Form. Die für den Komponisten so typische Beschwörung der Elementargeister lässt in ihrer Symbiose aus Nebel, Licht und Wasser an die zeitgenössischen Aquarelle Turners denken. Eine gewisse klassizistische Eleganz ist eher Zurückhaltung als Mangel an Tiefe. Erwartet man von dieser Musik die leidenschaftliche Phantastik Schumanns oder die Wärme eines Brahms, könnte man ebensogut Äpfel von einem Kirschbaum erwarten. Die Schlankheit und die Kühle dieser Musik sind es gerade, die sie zum «schönen Zwischenfall der deutschen Musik» machen, wie Nietzsche es ausdrückte. Dass das Umfeld, in dem diese Musik entstand, nicht ohne Einfluss auf ihre Ausdruckswelt geblieben ist, ist selbstverständlich – und so ist man versucht, sie die Musik eines Gentleman zu nennen.

Fannys Briefe an den vergötterten Bruder sind bisweilen von übersteigerter Schwärmerei; an ihrem Hochzeitstag schreibt sie an ihn: «Ich habe Dein Bild vor mir und wiederhole ständig Deinen lieben Namen und denke, du ständest an meiner Seite – ich weine! Jeden Morgen und jeden Augenblick meines Lebens werde ich Dich aus tiefstem Herzen lieben und ich bin überzeugt, dass ich, indem ich es tue, Hensel kein Unrecht bereite.»

Man mag das bedenklich, zumindest aber seltsam finden, aber es zeugt auch von erstaunlicher Ehrlichkeit und Einsicht in die eigenen Gefühle. Felix ging auf diese Tonlage nie ein, verbat sich alle Ausschliesslichkeitsansprüche, nannte seine Schwester «Lieber Fenchel» oder den «Kantor mit den dicken Augenbrauen» und blieb bei aller Innigkeit stets lustig und ein wenig spöttisch. Ihr Bild aber trug er auf allen seinen Reisen in einem Band Jean-Paul, seiner Lieblingslektüre, bei sich.

Gemessen an der Intensität und Komplizität ihrer Beziehung erscheint das Verhältnis zu ihren späteren Ehepartnern, dem Maler Hensel und Cécile Jeanrenaud, relativ blass und etwas konventionell – das in der Musik so stark erlebte Echo war mit einem andern Menschen nicht wiederholbar.

Als Mendelssohn, sechs Wochen nach dem Tode seiner Schwester, wieder in der Lage war zu reisen, schickten ihn die Ärzte mit seiner Frau und seinen Kindern nach Baden-Baden. Von dort war es nicht weit in die Schweiz, die er von zwei Reisen als Knabe und als junger Mann in so glücklicher Erinnerung hatte.

1822 war Abraham Mendelssohn mit den Seinen – dazu zählten neben seiner Frau und den vier Kindern Fanny, Felix, Rebekka und Paul auch der Hauslehrer Heise und etliche Dienstboten – zum ersten Mal zu einer Reise in die Schweiz aufgebrochen. Im Trubel der Abreise passierte gleich ein Malheur: Felix, damals 13-jährig, wurde vergessen. Als man sich seiner aber schliesslich erinnerte, hatte er sich schon allein zu Fuss auf die Reise gemacht. Von Schaffhausen zog die kleine Karawane bis zum St. Gotthard und machte dann zunächst in Interlaken Station. Man besuchte die Wengener Alp, das Haslital, den von Goethe besungenen Staubbach und war von der Schweiz begeistert. Schliesslich reiste man weiter zum Genfer See.

Die Briefe des 13-jährigen Mendelssohn sind bezaubernd, scharf beobachtet und bei allem ernsthaften Tonfall oft von diskreter Komik. Am 13. September 1822 schrieb er an seinen Lehrer Friedrich Zelter in Berlin: «Zuerst das Jodeln: es ist nicht zu leugnen, dass diese Art von Gesang in der Nähe oder im Zimmer rauh und unangenehm klingt. Doch wenn Echos darauf antworten oder sich damit vermischen; wenn man im Tale steht und auf dem Berge oder im Walde das Jodeln oder das Jauchzen hört, das der Enthusiasmus der Schweizer für ihre Gegend hervorbringt ... dann klingt der Gesang schön, ja, er hängt genau mit dem Bilde zusammen, das ich mir von einer Gegend mache und gehört gleichsam zu einer Schweizer Landschaft.

Zweitens der vielgelobte Gesang der Schweizer Mädchen, der besonders im Berner Oberland verbreitet ist: von dem kann ich leider nicht viel Gutes sagen... Übrigens können sie gute Sängerinnen sein, denn der Spruch «Cantores amant humores» erfüllen sie ganz. Vier von ihnen haben einst 24 Flaschen Wein hinter die Knöpfe getrunken...»

Sehr sachlich sah er auch seine elegante Familie in der ungewohnten Umgebung: «Die Figur, die wir darin machten, wie auch unser Essen, waren sonderbar. In solcher Hütte Schals, Kanten und weiss Gott wie all der Modekram heissen mag, zu sehen, war ebenso sonderbar, wie zur dicken Milch und dem Käse, den die Hirten lieferten, Schokolade und Bonbons zu essen, welche die Damen lieferten!» schrieb er am 22. September 1822 an Zelter.

Am Genfer See begann Mendelssohn sein Klavierquartett in c-Moll, sein Opus 1. Es verrät die strenge Schulung an den Werken der Klassik durch Friedrich Zelter– und auch direkte Vorbilder sind im 1. Satz dieses Opus 1 zu erkennen: Johann Nepomuk Hummels virtuose Eleganz und die Herzlichkeit und Anmut der Musik des Ännchen aus Carl Maria von Webers Freischütz. All das verschmilzt aber bereits zu unverwechselbar persönlichem Zauber, ist echter Mendelssohn. Der Mittelteil des 2. Satzes besteht aus einer einzigen, strömenden Kantilene, es ist, als öffneten sich die Täler einer Landschaft von Caspar David Friedrich im Abendlicht. Woher weiß das ein 13-jähriger? Das leichtfüssige Scherzo ist bereits hier die ureigenste Domäne des Komponisten, und auch der Schlusssatz verfliegt in atemberaubender Geschwindigkeit und Virtuosität.

Welch ein Auftakt, dieses Opus 1 und welcher Kontrast zum letzten Kammermusikwerk Mendelssohns, dem verzweifelten Streichquartett in f-Moll op 80, das er 25 Jahre später, 1847, ebenfalls in der Schweiz schreiben wird.

Wieder zu Hause in Berlin schrieb er die Streichersymphonien Nr. 9 und 11, beide mit Schweizer Themen in den Scherzi, sozusagen als Reisesouvenir. Das Trio der Symphonie in C-Dur ist ein milder, verhangener Ländler mit dem Titel «La Suisse». In dem Schwesterwerk in f-Moll verwendet Menselssohn den Emmentaler Hochzeitstanz «Bin alben a wärti Tächter gsi», ein reizvolles Scherzo, rhythmisch verschleiert. Der Kopfsatz steht bereits in dem für Mendelssohn so typischen dahinjagenden und gejagten Moll.

Fanny, in ihren Briefen sonst nicht weniger begabt als ihr Bruder, streift mit ihrer Beschreibung des Gotthard für uns Heutige allerdings die Komik: «In Gottes grösste Natur bin ich getreten, das Herz hat mir gebebt vor Schauer und Ehrfurcht, und als ich, wieder beruhigt, das menschlich Schöne, das anmutig Lieblichste erblicke, als ich an der Grenze zu Italien stehe, da ruft mein Schicksal, bis hierher und nicht weiter!»

Auf seiner zweiten Schweizer Reise 1831, auf dem Rückweg von Italien, machte Felix alles ganz anders. Er unternahm eine Wanderung vom Genfer See bis Interlaken und schrieb für seine Familie ein ausführliches Tagebuch, das höchst originell die Freuden und Gefahren einer Fussreise durch die Schweiz schildert; ein ganz besonderes Lesevergnügen, bei dem man den Menschen Mendelssohn auf die natürlichste Weise kennenlernt.

Von Clarens bis Château d'Oex trug ihm Pauline, eine junge Winzerin, sein Bündel in ihrer Weinkiepe über den Berg:

Château d'Oex

«Meine Reise mit Pauline soll niemals vergessen werden, die war eine der nettesten Mädchen, die ich in meinem Leben getroffen habe, so hübsch und gesund und natürlich klug. Sie erzählte mir Geschichten aus ihrem Dorf, und ich ihr welche aus Italien, aber ich weiss nicht, wer den andern mehr amüsiert hat... Bei Gott, ich bekam viel Lust, ein Waadter Bauer zu werden, als ich ihr so zuhörte...»

Dann aber schlug das Wetter um, und Felix Mendelssohn geriet in die sintflutartigen Regenfälle des August 1831. Er liess sich die Laune aber nicht verderben... «Es ist wirklich in keinem Traum solch reizendes Land zu sehen, wie dies, selbst in tollstem Wetter. Und nun das Grün, das war heute recht in seinem Element. Aber es ist kein Wunder, dass es so schön ist – wenn ich mich ein paar Tage so beregnen liesse, würde ich auch bald grün aussehen...»

Unter eine beigelegte Notenzeile schrieb er: «Das habe ich heute den ganzen Tag gesungen auf der Strasse – das Simmental hat sich aber für das Kompliment nicht bedankt, sondern hat fortgeregnet...»

«Nach Thun gehe ich nicht, denn was sollte ich in Thun thun? Thun thun wir also diesmal beiseite; Pfui schlechte Witze; ihr kennt ja die Art Lustigkeit, wenn man nass geworden ist; wo kann man vernünftig schreiben, wenn man ein Paar Bauernschuhe anhat, während meine am Feuer trocknen. Welch ein Stil, sagt Fanny hier...»

Aus dem Chaos der Verheerungen versuchte er weiter nach Interlaken zu kommen: «... Ich musste eine ganze Weile bis ans Schienbein gegen den Strom angehen... Ich sah aus, als trüge ich Stulpenstiefel auf meinen hellen Beinkleidern, Schuh, Strümpf und alles bis an die Knie war dunkelbraun... Solchergestalt kam ich nach Interlaken, wurde unfreundlich empfangen, die Leute konnten oder wollten mir keinen Platz geben. Es ist aber sonderbar, ich hatte mich die ganze Zeit darauf gefreut, wieder ins Wirtshaus zu Interlaken zu kommen, wo ich viel Erinnerung haben konnte... und nichts hatte sich geändert, ausser dass ich heute allein war und damals mit Euch...»

«... Die Fussreise durch dieses Land ist wirklich, selbst bei so ungünstigem Wetter, das Reizendste, was man sich nur denken kann; bei heiterem Himmel muss das Vergnügen gar nicht auszuhalten sein...

... Hegel sagt zwar, jeder menschliche Gedanke sei erhabener als die ganze Natur, aber hier finde ich das unbescheiden...»

Engelberg 23./24. August 1831

«... Man holte mir den Wilhelm Tell aus der Klosterbibliothek... Die Mönche hörten heut früh zu, als ich ein wenig phantasierte, das hat ihnen gefallen, und so haben sie mich eingeladen, morgen früh den Feiertag ein und auszuorgeln. Die Orgel ist gleich beim Hochaltar neben den Chorstühlen für die Patres. So nahm ich denn meinen Platz mitten unter den Mönchen, der wahre Saul unter den Propheten; neben mir strich ein böser Benedectiner den Contrabass... Der pater praeceptor stand vor mir, sang Solo und dirigierte mit einem armdicken Prügel, die Eleven des Klosters machten den Chor in ihren schwarzen Kutten, ein alter reduzierter Landmann spielte auf einer alten reduzierten Hoboe mit und ganz in der Ferne sassen zwei und tuteten still in grosse Trompeten mit grünen Quasten. Und mit alledem war das Ding sehr erfreulich, man musste die Leute liebhaben, denn sie hatten Eifer und arbeiteten alle, so gut sie konnten...»

Beim Abschied von der Schweiz schrieb er: «... Denn so behaglich fühle ich mich jetzt nach überstandenem Sturm und Unwetter... und wie ich quer durch Appenzell gelangt bin, aussehend wie Ägypten nach den sieben Plagen, das erzähle ich Euch morgen aus dem letzten Schweizer Ort, denn jetzt läutet es zum Essen, und da will ich äbtlich tafeln... Der schmutzige, nasse Fussreisende mit dem Bündel nimmt Abschied und will als Städter mit Visitenkarten, reiner Wäsche und einem Frack wieder schreiben. Lebt wohl.»

Als Mendelssohn 1847 nun zum drittenmal in die Schweiz aufbrach, standen die Zeichen der Reise ganz anders – er suchte die Erinnerung von Tagen, die trotz aller Unwetter so heiter gewesen waren. Er blieb zunächst mit Cécile und den Kindern in Thun; auch sein Bruder Paul und der völlig verstörte Hensel hatten sich ihnen angeschlossen. Aber schon zwei Wochen später zog es Mendelssohn weiter nach Interlaken, fünfundzwanzig Jahre waren es, seit er zusammen mit Fanny im Schatten der Kirche hier die Nussbäume gezeichnet hatte.

Er stieg ganze Tage auf die Berge, er aquarellierte viel und kam abends erregt und braungebrannt wieder ins Hotel zurück. Aufs neue beglückt von der vertrauten Landschaft, beschloss er, in der Zukunft jedes Jahr einige Monate in der Schweiz zu verbringen. Es entstand der Plan zu einer «Schweizer Symphonie». Henry Chorley, der britische Historiker und Musikkritiker des Athenaeums, hielt sich zur gleichen Zeit in Interlaken auf. Mit ihm scheint sich Mendelssohn, der seit dem Tode seiner Schwester aller konventionellen Geselligkeit aus dem Wege ging, gern über Musik unterhalten zu haben. Er zeigte sich offen der italienischen Oper gegenüber, lobte Donizetti und interessierte sich für den jungen Verdi, einen Komponisten, den man sich nicht ohne weiteres als Zeitgenossen von Mendelssohn vorzustellen vermag.

An einem regnerischen Tage fuhren die beiden Männer hinüber zu dem Dörfchen Ringgenberg am Brienzer See, in dessen Kirche Mendelssohn eine kleine Orgel entdeckt hatte, und improvisierte auf dem bescheidenen Instrument – ein bewegender Nachmittag für Chorley, der Mendelssohn das letztemal in der Exeterhall in London an der Orgel gehört hatte. Er schrieb:

«Meine letzte Erinnerung an ihn ist, wie er den Weg herunterging, um alleine nach Interlaken zurückzukehren. Als ich seiner Gestalt nachsah, die der weite, dunkle Mantel und der breitkrempige Strohhut mit dem breiten Kreppband, den er stets trug, nicht gerade verjüngte, hatte ich den Eindruck, er sei abgearbeitet und deprimiert und gehe schwerfällig.»

Mendelssohn begann wieder zu komponieren, und es entstand das zu Anfang erwähnte Streichquartett in f-Moll – Zeugnis seiner zutiefst gestörten Verfassung, erschütternde und bekenntnishafte Musik. Das Stück ist in seinen beiden ersten Sätzen durchaus orchestral empfunden. Die böse schwirrenden Einsätze der Streicher steigern sich im Allegro assai presto zu immer dissonanteren Ausbrüchen der Verzweiflung. Das sind nicht mehr die melancholischen Landschaftsschilderungen der Schottischen Symphonie, das sind Seelengemälde in schroffem, bitterem f-Moll.

Es folgt ein Scherzo von sinistrem Humor, voll synkopischer Widerhaken und nervöser Unruhe. Nach einem Andante von biedermeierlicher Unschuld nimmt das Finale die Beunruhigung der beiden ersten Sätze wieder auf. Ein höchst bedeutendes, ein ungewöhnliches Werk, das in seiner

Intensität und Tiefe der Empfindung schon an die Gefühlswelt von Johannes Brahms denken lässt.

Von seinen letzten Entwürfen verzichtet man leichter auf einen «Christus» als auf die Oper «Loreley» – ein etwas frömmelnder, nazarenischer Tonfall trübt bisweilen schon die Freude an seinen Oratorien «Paulus» und «Elias». Die «Loreley» dagegen ist ein Stoff, der Mendelssohn bei dem flüchtigen Charakter seiner Musik sicherlich besonders inspiriert hätte. Hört man die in ihrer Thematik verwandte Ouverture «Die schöne Melusine», lassen sich Atmosphäre und Zauber der Oper sehr gut vorstellen.

Auch auf die geplante «Schweizer Symphonie» müssen wir verzichten; sie beschäftigte den Komponisten jedoch bis in seine letzten Tage und lag ihm besonders am Herzen. Auf Fragen nach diesen Plänen antwortete er stets mit einem zweifelnden «Wenn ich es noch erlebe».

Felix Mendelssohn starb kaum sechs Monate nach seiner Schwester im Alter von erst 38 Jahren und das Streichquartett in f-Moll ist seine letzte bedeutende Komposition geblieben. Was als Requiem für Fanny geschrieben war, wurde schliesslich zu seinem eigenen. Aber es schlägt den Bogen auch zurück zu Mendelssohns erstem Kammermusikwerk, dem glücklichen Opus 1 seiner ersten Schweizer Reise. Auf der Rückkehr machte man damals noch in Weimar beim alten Goethe Station, der von Felix so bezaubert war, dass er ihm eine Seite aus dem Manuskript des 2. Faust schenkte. War er nicht Euphorion begegnet?

Franz Liszt

In den ersten Junitagen 1835 verliessen Franz Liszt und die Gräfin d'Agoult Paris in getrennten Reisewagen. Sie taten dies, um einigermassen den Schein zu wahren. Aber was nach einer romantischen Entführung im Stile Lord Byrons aussah, war in Wirklichkeit eine Flucht vor dem Skandal, den ihre Liaison in der sonst so grosszügigen Pariser Gesellschaft ausgelöst hatte. Am 8. Juni trafen sie sich in Basel wieder und begaben sich einige Tage später glücklich und erleichtert auf eine Reise durch die Schweiz. Man darf sich vorstellen, dass das elegante Paar dabei einiges Aufsehen erregte. Sie liessen sich genügend Zeit, reisten über den Walensee bis hinauf zum St. Gotthard und anschliessend über Hospental und die Furka hinüber ins Wallis. Nach einem Aufenthalt in Martigny und Bex erreichten sie Villeneuve, wo sie ein Schiff bestiegen, das sie schliesslich am 19. Juli an ihr Ziel nach Genf brachte.

Die erste Station dieser Reise, die auch musikalisch ihren Niederschlag gefunden hat, war der Walensee. Hier schrieb Liszt sein erstes Meisterwerk «Au lac de Walenstadt», eine Naturimpression von geradezu magnetischem Zauber bei grösster Sparsamkeit der pianistischen Mittel – weit entfernt von der bisherigen virtuoser Aufbereitung von Themen anderer Komponisten oder eigener Paradestücke. Eine alpenländische Melodie, aufsteigend und wieder fallend, über einem wiegenden Bass, das ist alles.

Die Gräfin d'Agoult schrieb später in ihren Erinnerungen, sie habe diese Musik nie ohne Tränen hören können. Man weinte leicht in dieser Zeit – aber ihre Tränen galten wohl weniger der Musik selbst als der «verlorenen Zeit», diesem Pilgerjahr in der Schweiz, das in ihrer Beziehung zu Liszt das glücklichste und harmonischste gewesen ist, erfüllt von geistigem Austausch und Erleben der Natur. Der Einfluss der kultivierten Frau auf Liszt kann gar nicht hoch genug veranschlagt werden. Marie d'Agoult war in beiden Kulturen, der französischen und der deutschen, aufgewachsen, sie war Liszt nicht nur Geliebte sondern auch Freundin, und im Gespräch mit ihr erweiterte sich seine damals noch recht lückenhafte Bildung. Unter ihrem Einfluss nahm er seine Deutschstudien wieder auf, um Goethe und Heine im Original lesen zu können, und an ihrer Seite erlebte er zum erstenmal bewusst die Natur, er, der als Virtuose bis dahin nur Städte, Konzertsäle und Salons gekannt hatte.

Zudem bestärkte sie Liszt in seiner Überzeugung, zum Komponisten geboren zu sein und sah darin eine weit höhere Berufung für ihn als im Konzertieren – vielleicht auch aus egoistischen Gründen, da die Virtuosenkarriere der Intimität ihres Zusammenlebens eines Tages gefährlich werden musste. Im November 1834 hatte Lamartine an Liszt geschrieben: «La nature est notre livre, ses inspirations valent mieux que celles des salons. C'est mon livre des prières et mon symbole de foi.» Aber erst auf dieser Reise, im Anblick der Naturschönheiten der Schweiz, erfuhr der Komponist die Wahrheit dieser Worte.

Unter den neuen Eindrücken schrieb er in Genf neunzehn Klavierstücke eines «Album d'un voyageur», von denen er 1855 eine Auswahl in überarbeiteter Form als «La

Suisse», dem 1. Band der «Années de pélerinage», herausgab. Der Zyklus ist von grösster Originalität und Kühnheit. Seine poetische Phantasie kennt keine Grenzen, und die Freizügigkeit der Harmonik ist bestürzend. Musikalische Aphorismen wechseln ab mit symphonisch angelegten Stükken, schlichte Liedform steht neben höchster Virtuosität. Wie in Beethovens letzten Klaviersonaten bestimmt auch hier der Inhalt auf rigorose und unkonventionelle Weise die Form. Den meisten Stücken ist ein Motto von Schiller, Sénancour oder aus Byrons Childe Harold's Pilgrimage vorangestellt. Aber je entbehrlicher uns heute diese literarischen Hinweise ihres heroischen Pathos' wegen erscheinen, desto interessanter sind die Klavierstücke selbst.

Zu den besonders eindrücklichen Stücken gehören neben dem bereits genannten «Au Lac de Walenstadt» das heitere «Au bord d'une source», eine Vorwegnahme impressionistischer Wasserkünste, und «Orage», eine pianistische Entfesselung der Elemente, die wegen ihrer hohen technischen Ansprüche auch in Liszts «Etudes d'exécution transcendante» stehen könnte. Höhepunkt des Zyklus aber ist das «Vallée d'Obermann», mehr Psychogramm als Landschaftsschilderung und von weit grösserem Umfang als die anderen Stücke. Man wird ein Tal gleichen Namens vergeblich auf der Karte der Schweiz suchen – die Musik ist von Senancours Briefroman gleichen Titels inspiriert, der 1804 erschien und ein Schlüsselerlebnis für die französischen Romantiker wurde. Liszts Klavierstück, das man fast eine symphonische Dichtung nennen möchte, beginnt verhalten und schwermütig – Zweifel und Verzweiflung des Aussenseiters Obermann. Aber mit einer grandiosen Steigerung erhebt sich die Musik ins Visionäre: «Ich empfinde, ich bin, um mich in unbezwinglichem Verlangen zu verzehren», sind die Worte Obermanns. Musik der seelischen Abgründe und der grossen, pianistischen Geste.

«Eglogue» nimmt das Gefühl wieder ganz zurück und zeichnet noch einmal ein Stück reiner Natur. Im darauffolgenden «Le Mal du Pays» wird die Natur zur Heimat und erscheint durch das Zitat eines «Ranz des Vaches» aus dem Appenzell wie ein fernes, unerreichbares Paradies. Den Abschluss bilden «Les Cloches de Genève», erst 1855 entstanden, Nocturne und Beschwörung der Erinnerung zugleich.

Liszt ging es in «La Suisse» nicht um die Anekdote – die Eindrücke seiner Reise verdichteten sich ihm ins Metaphysische. Ähnlich wie bei dem genialen Caspar Wolf, der als Vorläufer der Romantik die Landschaft der Schweiz schon im ausgehenden 18. Jahrhundert nicht als Vedute, sondern als Aufbruch ins Ungeheure dargestellt hatte.

In Genf bewohnten Franz Liszt und die Gräfin d'Agoult zunächst einige Zimmer im Hôtel des Balances. Später mieteten sie in der heutigen 22 Rue Etienne Dumont eine Wohnung mit herrlichem Blick auf den Salève und den Jura, nicht weit von der Kathedrale.

Für Liszt begann eine intensive Zeit des Studiums, des Komponierens und der gemeinsamen Lektüre mit der Freundin. Neben dem bereits erwähnten «Album d'un voyageur» schrieb er eine «Fantaisie romantique sur deux mélodies suisses», sowie die «Fleurs romantiques des Alpes». Daneben eine Fülle von Paraphrasen auf Opernarien von Bellini, Donizetti und Meyerbeer, bei aller Originalität und harmonischer Feinfühligkeit typischer Produkte des Zeitgeschmacks.

Liszts eminenter Ruf und die Eleganz und Gewandtheit der Gräfin stellten leicht die Verbindung zur Genfer Gesellschaft her. Im Salon von Marie d'Agoult traf man so illustre Geister wie den Botaniker Pyrame de Candolle, James Fazy, den Direktor des Journal de Genève, den Historiker de Sismondi und den Sprachforscher Adolphe Pictet. Liszt hörte an der Universität Vorlesungen über Philosophie und stellte sich am 1. Oktober mit Carl Maria v. Webers Konzertstück zum ersten Mal dem Genfer Publikum vor.

Am 9. November wurde das Conservatoire de Musique eröffnet, und der berühmte Mann erbot sich, unentgeltlich einige Klavierschülerinnen zu unterrichten. Eine noble Geste – allzulange scheint ihn allerdings diese Beschäftigung nicht interessiert zu haben, denn seine Eintragungen in eine Art von Klassenbuch des Konservatoriums verrieten bald, dass er sich langweilte:

«*Mlle Dellemayer, Marie:* Méthode vicieuse (si méthode il y a). Zèle extrême. Dispositions médiocres. Grimaces et contorsions. Gloire à Dieu dans le ciel et paix aux hommes de bonne volonté.

Mlle Milliquet, Ida: artiste genevoise – flasque et médiocre – assez bon doigté, assez bonne tenue au piano, assez d'-assez qui ne valent pas grand chose au total.

Mlle Gambini, Jenny: Beaux yeux!»

Nicht wesentlich ernster darf man auch die Geburtsurkunde von Liszts erster Tochter Blandine nehmen, die Marie d'Agoult am 18. Dezember zur Welt gebracht hatte: Name, Alter und Adresse der Mutter waren aus gesellschaftlichen Rücksichten gefälscht.

Wiederholt gab Liszt in Genf Konzerte und unternahm mit Beginn der schönen Jahreszeit zusammen mit Marie d'Agoult Ausflüge in die ländliche Umgebung der Stadt. Doch die romantische Zurückgezogenheit scheint ihn bald gelangweilt und eingeengt zu haben. Es zog ihn nach Paris, um sich mit Thalberg zu messen, der dort als Virtuose Triumphe feierte. Im April 1836 begab er sich auf die Reise und fuhr zunächst bis Lyon. Sofort begann er unter der Trennung von Marie d'Agoult zu leiden, und schon aus Bellegarde schrieb er ihr nach Genf. Seine Briefe sind, ihrem Umfang nach, eher ein Reisetagebuch, geistreich und von hinreissender Phantasie, voller Definitionen der Liebe, aber auch präzis in der Beobachtung der Realität. Aus allem, was er schreibt, spricht ein ausnehmend vornehmer Mensch mit philosophischen Neigungen. Oft kehren seine Gedanken zurück zu den ersten Wochen in der Schweiz; so erinnert ihn ein kleiner See in der Gegend von Nantua an die glücklichen Tage am Walensee.

In Lyon versetzte er das Publikum mit vier Konzerten in Entzücken und Begeisterung, und anfangs Mai spielte er endlich in der Salle Pleyel und den eleganten Salons d'Erard in Paris – Thalberg allerdings war inzwischen abgereist. Auf Liszts Programmen stand neben allerhand modischem Geklingel auch die Hammerklaviersonate von Beethoven, ein absolutes Wagnis in einer Zeit der allergrössten Konzessionen an den Publikumsgeschmack. Kein anderer Pianist hat das gigantische Werk vor dem Ende des 19. Jahrhunderts öffentlich gespielt. Dass er dies tat, korrigiert ganz entschieden das Bild vom Virtuosen Liszt. Berlioz verglich den grossen Pianisten in einem hymnischen Artikel in der Gazette Musicale vom 12. Juni 1836 denn auch kühn mit Oedipus, der das Geheimnis der Sphinx entschlüsselt habe, und Chopin stellte Liszts Genie weit über das Können Tahlbergs, das er dagegen nur ein Talent nannte. Das Urteil der beiden von ihm bewunderten Komponisten bedeutete eine weit grössere Genugtuung für Liszt als der ohnehin obligate Taumel des Publikums.

Aber trotz des Erfolges waren seine Briefe an Marie d'Agoult voller Ungeduld. Mit ihren ungeheuren Höhen und Tiefen glich ihre Beziehung einem romantischen Liebesroman. Ihre Briefe besitzen den Zauber der grossen Welt, aber in ihrem Gefühlsüberschwang ist auch ein wenig Theater und in dem modischen Hinüberwechseln vom Französischen ins Englische etwas Snobismus à la Stendhal.

«Noch acht Tage!» schrieb Liszt zuletzt aus Paris, und sie antwortete ihm: «Ich werde versuchen es so einzurichten, dass wir in den ersten Tagen niemand sehen. Mir ist, als würde ich mich niemals an Ihnen satt sehen. Ach, wenn Sie wüssten, wie schwer es mir wird, nicht zu verzweifeln...» Am 6. Juni war Liszt zurück in Genf und verbrachte die folgenden Wochen mit Marie d'Agoult in Monnetiers sur Salève in der Nähe der Stadt.

Im Herbst 1834 hatte er bei Alfred de Musset in Paris George Sand kennengelernt, und zwischen der unkonventionellen Frau und dem von der Literatur geradezu besessenen Musiker entwickelte sich eine enge freundschaftliche Beziehung, in die sie auch Marie d'Agoult einzubeziehen versuchten, keine leichte Aufgabe bei der Verschiedenartigkeit der Charaktere der beiden Frauen. George Sand liebte Musik und war Liszt eine ausgezeichnete Zuhörerin. Von dem romantischen Paar bezaubert machte sie sich sogleich an einen Roman über Liszt und die Gräfin, überliess aber den allzu heiklen Stoff Balzac, der ihn später in seiner Erzählung «Beatrix» verwendete.

Durch die Entfernung der Freunde kam es zu einer regen Korrespondenz zwischen Paris und Genf und eines Tages sagte sich George Sand zum Besuch an. Als sie aber am 7. September mit ihren Kindern Solange und Maurice in Genf ankam und im Hôtel du Léman abstieg, fand sie folgende Nachricht vor:

«Nous t'avons attendu, tu n'es pas exacte, tu nous ennuies. Cherche-nous! Nous sommes partis.» *Arabella (Marie d'Agoult)*

Auf diese Weise beginnt die höchst amüsante Schilderung vom Wiedersehen der Freunde in Chamonix und ihrer Reise bis Fribourg im zehnten der «Lettres d'un voyageur» von George Sand. Mit von der Partie waren Adolphe Pictet und ein gewisser Puzzi, ein 15-jähriger Schüler Liszts. Für die Hochstimmung dieser Tage spricht Liszts Eintragung ins Fremdenbuch des Hôtel de l'Union in Chamonix:

D'où ils viennent: Du doute

Où ils vont: A la vérité

Lieu de naissance: Parnasse

Qualités: Musicien Philosophe

Kein Wunder, dass der Wirt und die übrigen Hotelgäste derartiges nur mit grösstem Befremden lasen, denn auch das Äussere Liszts war, nach der Beschreibung von George Sand, nicht weniger phantastisch: «Blouse étriquée, chevelure désordonnée, chapeau d'écorce défoncé, cravate roulée en corde et fredonnant habituellement d'un air agréable le Dies Irae». Man nannte sich «The fellows» (das waren Liszt und Marie d'Agoult) und «Les Piffoels» (so hiessen George Sand und ihre Kinder) und hatte damit die Realität hinter sich gelassen. An den Abenden überboten sich die Freunde gegenseitig in philosophischen Wortgefechten und George, die Freundin in Männerkleidern, karikierte ihre Definitionen des Absoluten mit spitzer Feder.

Nach dem Anblick der «Mer de glace» kehrte die exzentrische Reisegesellschaft auf Maultieren wieder in die Schweiz und damit auf den Boden der Realität zurück. Ein Ausflug dieser Art war damals ganz entschieden strapaziöser als heutzutage, besonders für die Damen. So betrachtet waren die Männerkleider der George Sand weniger schockierend als ganz einfach vernünftig. Über Martigny und Bex erreichte die Gesellschaft schliesslich Fribourg und im Dunkel der Cathédrale St. Nicolas improvisierte Liszt für die Freunde lange über das Thema des Dies Irae. «Jamais le profil florentin de Franz n'était dessiné plus pâle et pur dans une nuée plus sombre des terreurs mystiques et religieuses tristesses», schrieb George Sand unter dem Eindruck dieses Nachmittags. Bis zu ihrer Rückkehr nach Paris blieb sie noch einige Tage bei den Freunden in einer Mansarde ihrer Wohnung in Genf. Das gemeinsam Erlebte hatte sie einander so nahe gebracht, dass George Sand Liszt und die Gräfin zu sich nach Nohant einlud.

Auch der Aufenthalt von Franz Liszt und Marie d'Agoult in der Schweiz ging zu Ende. Er hatte nur wenig länger als ein Jahr gedauert, aber sein Nachklang in den «Années de Pélerinage» ist reich und farbig. Im Conservatoire de Musique der Place Neuve in Genf erinnert ein bemerkenswert schönes Portrait des Komponisten an seinen Aufenthalt in der Rhônestadt und lässt viel von der Faszination dieses ungewöhnlichen Menschen ahnen. Am 3. Oktober 1835 gab Liszt in der Grande Salle du Casino St. Pierre sein letztes Konzert in Genf und kehrte kurz darauf, diesmal im gleichen Reisewagen wie die Gräfin, nach Paris zurück.

Richard Wagner

Neben dem grünen Hügel von Bayreuth sind es vor allem zwei Orte in der Schweiz, die am stärksten mit der Erinnerung an Richard Wagner verbunden sind: die Villa Wesendonck in Zürich und Tribschen am Vierwaldstätter See. Aber während auf dem grünen Hügel Sänger, Dirigenten und Regisseure alljährlich mit der Aufführung und Neudeutung der Werke Richard Wagners ringen, scheinen Tribschen und die Villa Wesendonck in einen Zustand der Unschuld zurückgefallen zu sein. Die Natur hat wieder die Regie übernommen, die einst der kleine, ungeheure Mann in seinen Händen hielt.

Schweigen und der Schatten hoher Bäume um das Haus der Wesendoncks. Hier dirigierte Richard Wagner am 23. Dezember 1857 sein Lied «Träume», das er eine Studie zum Tristan nannte – symbolische Vereinigung mit Mathilde in der Verbindung von Musik und Text.

Helligkeit dagegen in Tribschen und eine von der weiten Fläche des Sees ausgehende Klarheit. Pappeln flankieren das altertümlich hohe Bauwerk, das etwas zurückgesetzt und erhöht über dem See steht. In seinem Treppenhaus erlebte das zärtliche «Siegfried-Idyll» am 25. Dezember 1870 seine Uraufführung als Geburtstagsgabe für Cosima. Zürich und Tribschen – «Asyl» und «Insel der Seeligen» sind von grosser Bedeutung in der Biographie des Komponisten, denn wahrhaft Unerhörtes ist hier entstanden.

Beide Male kam Richard Wagner als Flüchtling. Waren es vor Zürich revolutionäre Umtriebe gewesen, für die man ihn steckbrieflich verfolgte, so waren es später private und finanzielle Verstrickungen, aus denen er nach Tribschen floh. Ein abenteuerliches, ein skandalöses Leben, wie bei keinem anderen grossen Komponisten. Aber die Faszination ist geblieben – eine Faszination gemischt aus höchster Bewunderung und aus Unbehagen, denn der Mensch Wagner erscheint zunächst von solcher Bedenkenlosigkeit, dass es bisweilen schwer fällt, an sein künstlerisches Ethos zu glauben – allerdings nur solange man seine Musik nicht kennt. In dem Strudel ihrer Überredungskunst und in ihrem Reichtum werden alle Abwehrgesten und alle Skepsis zunichte, bis man Richard Wagner als das nimmt, was er ist: als ein Naturereignis.

Die Stadt Zürich, in der Richard Wagner im Mai 1849 anlangte, war eine Kleinstadt des Biedermeier von etwa 22 000 Einwohnern. Durch den Pianisten und Chorleiter Alexander Müller, einen Freund aus gemeinsamen Zeiten am Theater in Würzburg, fand Richard Wagner rasch Anschluss an einen interessierten Kreis von intelligenten Menschen, mit denen er diskutieren konnte und mit denen es sich leben liess. Darunter der Philologe Jakob Sulzer, dessen integren Charakter Richard Wagner bis an sein Lebensende bewunderte, Bernhard Spyri, Redakteur der Eidgenössischen Zeitung, dessen Frau als Verfasserin der «Heidi» berühmt wurde, Franz Hagenbuch, zweiter Staatsschreiber, aber auch Flötist und Vorstand der Allgemeinen Musikgesellschaft, und Wilhelm Baumgartner, Musiklehrer und Freund Gottfried Kellers, um nur einige zu nennen.

«Ich wurde von diesen Menschen», schreibt Richard Wagner in «Mein Leben», «zu denen sich noch einige Vertraute gesellten, sogleich mit so achtungsvoll neugieriger Teilnahme empfangen, dass ich mich in ihrer Gesellschaft augenblicklich wohlfühlte. Die grosse bescheidene Sicherheit, mit der sie sich, von ihrem naiv gewohnten republikanischen Standpunkt aus, über die Verfolgungen, die mich betroffen, äusserten, versetzte mich in eine ganz neue Sphäre der bürgerlichen Anschauung des Lebens.»

Später erweiterte sich dieser Kreis durch François und Elisa Wille, deren Gut Mariafeld in Meilen Literaten und Kunstinteressierten offenstand, durch den Architekten Gottfried Semper, durch Gottfried Keller und das Ehepaar Wesendonck. Franz Liszt, der von Anfang an überzeugt war von Richard Wagners Genie, und Julie Ritter, eine deutsche Verehrerin, unterstützten ihn zunächst finanziell.

Mit einiger Schwierigkeit liess sich auch Minna, Wagners Frau, bewegen, Ende September nach Zürich zu kommen – Minna, müde geworden und erschöpft nicht nur von ihrem Herzleiden, sondern auch durch die Schwierigkeiten ihres Lebens an der Seite Richard Wagners. Er hatte ihr Zürich in den schmeichelhaftesten Farben geschildert: «...Dagegen biete ich Dir einen Punkt, wo Dir Leib und Seele gesunden soll, das ist das herrliche Zürich in der Schweiz, in einer Lage wie sie kaum eine andere Stadt wieder hat: Wir werden dort in einem einfachen Häuschen gleich bei der Stadt am Züricher See wohnen mit Aussicht auf die schneebedeckten Alpengebirge...»

Um sie schon an der Grenze zu begrüssen, ging er ihr zu Fuss bis Rorschach entgegen. Dies war der erste in der Reihe imponierender Fussmärsche Richard Wagners, die auch einem Mann von kräftigerer Konstitution alle Ehre gemacht hätten. Hermann Müller nahm das Ehepaar zunächst bei sich am Rennweg auf, im September fand sich dann eine Wohnung für sie in den hinteren Eschenhäusern.

1850 leitete Richard Wagner zum ersten Mal ein Konzert der Allgemeinen Musikgesellschaft und setzte mit einer Aufführung der 7. Symphonie von Beethoven völlig neue Massstäbe für das Musikleben der Stadt. Bis 1855 dirigierte er in einer Reihe von Konzerten in der Hauptsache Musik von Beethoven und eigene Werke, Orchestermusiker und Publikum gleichermassen inspirierend.

Die in Zürich entstandenen theoretischen Schriften dagegen sind anstrengend und in ihrer Umständlichkeit nicht unbedingt eine Empfehlung für den Schriftsteller Richard Wagner. In «Oper und Drama», dem Schlüsselwerk dieser Zeit, definiert er das vollkommene Drama als Verschmelzung von Wort und Ton. In der Darstellung des Mythos will Richard Wagner das «Reinmenschliche» finden: «So bist Du, so fühlst und denkst Du, und so würdest Du handeln, wenn Du frei von der zwingenden Willkür der äusseren Lebenseindrücke, nach der Wahl Deines Wunsches handeln könntest.»

Unbegreiflich, dass aus solch idealistischer Feder auch die bösartige Polemik der Schrift «Das Judentum in der Musik» stammt, das er unter dem Pseudonym K. Freigedank erscheinen liess, ein Konglomerat aus Unterstellung und Anmassung, aus heutiger Sicht besonders gefährlich und unverzeihlich.

Hochinteressant ist dagegen sein Dramenentwurf «Wieland der Schmied», geschrieben in der Hoffnung auf einen Auftrag der Pariser Oper. Denn viele Gestalten und Symbole seiner späteren Werke begegnen uns bereits hier in allerdings noch haarsträubender Folge: Der Zauberring als Parallele zum Ring des Nibelungen, die Schwanenjungfrauen als Urwalküren und Bathilde, an die sich Richard Wagner noch fast dreissig Jahre später erinnerte, als er die ausserordentlichste seiner Frauengestalten, die Höllenrose Kundry schuf.

In diese Zeit fiel auch die absurde Affaire Richard Wagners mit Jessie Laussot in Bordeaux. Hier schien sich das Angenehme mit dem Nützlichen zu verbinden: Jessie war jung und verschwärmt und reich dazu. Aber sie hatte auch einen verständnislosen Ehemann, der den Komponisten zu erschiessen drohte. Statt der geplanten gemeinsamen Flucht nach Kleinasien kehrte Richard Wagner ernüchtert und allein nach Zürich zurück.

Am 28. August 1850, an Goethes Geburtstag, brachte Franz Liszt im Rahmen des Herderfestes in Weimar den «Lohengrin» zur Uraufführung. Da Richard Wagner Deutschland nicht betreten durfte, dauerte es noch zehn Jahre, bis er sein Werk schliesslich in Wien selbst hören konnte. Um sich abzulenken, unternahm er an dem denkwürdigen Tag einen Ausflug auf die Rigi. Im Gasthof Schwanen in Luzern verfolgte er die Aufführung im fernen Weimar in grösster Nervosität mit der Uhr. Die Gesellschaft seiner Frau scheint ihn dabei eher gestört zu haben.

Bis 1853 entstanden in Zürich die Prosaskizzen zum Rheingold, der Walküre, zum jungen Siegfried und zu Siegfrieds Tod, wie die vier Teile zunächst hiessen. Mit der Lesung der Dichtung vom 16. bis 19. Februar 1853 in den Räumen des «Baur au Lac» in Zürich hatte Wagner einen derartigen Erfolg, dass der Andrang der Zürcher jeden

Abend grösser wurde. Aus «Siegfrieds Tod» war – entsprechend dem Erklärungsbedürfnis Richard Wagners – eine Tetralogie geworden. Vorgeschichte vor Vorgeschichte setzend, hatte er sich zurückgearbeitet bis zum Urbeginn des «Rheingold».

Ausgegangen war Richard Wagner von dem Epos des Nibelungenliedes, aber er griff bald auch auf die älteren, heidnischen Quellen der Edda und der Wölsunga Saga zurück, auf die Welt der Götter. Erst die Rückkehr in den Mythos erlaubte ihm auch eine überzeugende Projektion in eine utopische Zukunft.

Richard Wagners gestalterische Kraft diesen Stoffen gegenüber ist ungeheuer und man sage nicht, er sei kein Dichter gewesen. Erdas «Mein Schlaf ist Träumen, mein Träumen Sinnen» oder Brünnhildes «Ewig war ich, ewig bin ich», was sind sie anderes als Dichtung?

Die Tetralogie ist eine Dichtung für Musik, und in dieser Verbindung verlieren auch die Stabreime viel von ihrer gespreizten Würde. Manche der geradezu parodistischen Wortschöpfungen Richard Wagners erweisen sich, gesungen, als höchst suggestive Naturlaute, wie das vielbelächelte «Wagelaweia» der Rheintöchter. Nur Wagner selbst konnte sich den Text zu seinem kolossalen Welttheater schreiben. Diesen Kosmos auch noch komponieren zu wollen, dazu gehörte nicht nur Mut, sondern geradezu Tollkühnheit und die Ausdauer eines Besessenen.

Ob die Bühne der Oper, auch wenn man sie Musikdrama nannte, das geeignete Medium für die Vermittlung weltanschaulicher Botschaften und politischer Utopien war, mag er sich spätestens bei den ersten Bayreuther Festspielen gefragt haben.

Im Anschluß an den Erfolg seiner Lesung der Tetralogie dirigierte Wagner im Mai 1853 drei Konzerte ausschliesslich mit Auszügen eigener Werke, darunter auch zum ersten Mal Ausschnitte aus dem Lohengrin. Das Orchester der Allgemeinen Musikgesellschaft musste durch Musiker aus anderen Schweizer Städten ergänzt werden – und sie kamen alle, selbst aus Süddeutschland. Das Echo auf Wagners beflügelnde Persönlichkeit und sein Werk war gross und ehrlich. Das dritte der Konzerte fiel auf seinen 40. Geburtstag, ein Anlass, der mit Lorbeerkränzen und Fackelzug gefeiert wurde. Was er Franz Liszt darüber berichtete, ist hochinteressant:

«Alles ging recht gut ab, und Zürich ist erstaunt, dass so etwas hatte passieren können. Die Philister tragen mich fast auf den Händen, und wenn ich die äusseren Erfolge zählen wollte, so könnte ich mit der Wirkung meiner Aufführungen über und über zufrieden sein. Du weisst aber, es kam mir hauptsächlich darauf an, etwas aus Lohengrin zu hören, und namentlich das Orchestervorspiel; das hat mich denn auch vor allem interessiert. Der Eindruck auf mich war denn auch ungemein ergreifend, und ich musste mich stark zusammen nehmen, um ihm Stand zu halten! So viel ist gewiss, dass ich Deine Vorliebe für den Lohengrin vollkommen teile: Er ist das Beste, was ich bis jetzt gemacht habe. Auch auf das Publikum trat diese Wirkung hervor, trotz der vorangegangenen Tannhäuser-Ouverture wirkten die Stücke aus dem Lohengrin so, dass sie fast einstimmig für das Vorzüglichste erklärt wurden...

Ich hätte das Konzert noch sechsmal wiederholen können, es wäre immer voll gewesen; doch hielt ich an den drei Aufführungen fest, weil es mir genug war und Abspannung zu befürchten stand... Ich glaube, mit der Zeit kann ich hier etwas ganz Unerhörtes zustande bringen». Ja, Unerhörtes war es tatsächlich, was er hier zustande brachte, und dabei war der begonnene «Ring» erst der Anfang, das Unerhörteste aber sollte erst noch kommen: es war der «Tristan». Aber trotz aller Begeisterung und ausverkauftem Haus ergaben die Konzerte ein Defizit, das Otto Wesendonck grosszügig übernahm.

Es war das erste, aber nicht das letzte Mal, dass er zum Helfer in der Not wurde. Als Wagner an seinen Schulden, verursacht durch eine allzu luxuriöse Einrichtung seiner Wohnung am Zeltweg, verzweifeln wollte, beglich Otto Wesendonck das Ganze. Eine noble Geste, der andere folgen sollten.

Wagners Bedarf an Samtportieren und kostbarem Mobilar ist nur solange befremdend, als man ihn als Luxus betrachtet. Aber er war anscheinend mehr: lebenswichtiges Stimulans zur Schärfung der Inspiration, um der Musik bis dahin unbekannte Farbwerte und emotionelle Nuancen abzugewinnen. Er war letzten Endes nichts anderes als Schillers faule Äpfel, nur war er entschieden teurer. Richard Wagners Verhältnis zum Geld war höchst fragwürdig und auf eine ganz kolossale Weise naiv. Dachte er an Beethoven, dem seine Bewunderer aus der Wiener Aristokratie eine lebenslange Rente ausgesetzt hatten? Er war ganz einfach der Meinung, die Welt habe für seine materiellen Bedürfnisse aufzukommen, als Gegenleistung bot er ihr seine Werke. Mag diese überraschende Optik zwar gefühlsmässig etwas durchaus Überzeugendes haben, so bleibt doch die Art ihrer Durchführung schockierend.

Dass Wagner selbst unter den daraus resultierenden Abhängigkeiten zeit seines Lebens gelitten hat, spricht aus einer Unzahl seiner Briefe. Otto Wesendoncks Grosszügigkeit überdauerte auch die Krisen der Tristan Zeit, was dafür spricht, dass er die Grösse von Richard Wagners Genie empfand und sie genau von dem Menschlich-Allzumenschlichen zu trennen wusste, das den Frieden seines Hauses störte.

1853 kam Franz Liszt nach Zürich. Er, der grossangelegte Mensch und Freund, war der einzige, dem man letzten Endes Hochfliegendes wie den Plan der Nibelungen wirklich erzählen konnte. Liszt schilderte der Fürstin Sayn-Wittgenstein das heftige Wiedersehn: «Wagner m'attendait au débarcadère et nous nous sommes quasi étouffés d'embrassements. Il a parfois comme des cris d'aiglon dans la voix. En me revoyant, il a pleuré et ri et tempêté de joie pendant au moins un quart d'heure.»

Am Zeltweg war table ouverte, tagtäglich von 13.00 – 21.30: anstrengende, aber glückliche Tage, und im Überschwang beschlossen die Freunde schliesslich, auf dem Rütli Brüderschaft zu trinken. Und damit es mit dem historischen Rütlischwur auch zahlenmässig seine Richtigkeit habe, wurde noch Georg Herwegh als Dritter mitgenommen. In unserer Zeit der intellektuellen Hinterfragungen hat diese grosse, romantische Geste etwas Bestrickendes.

Die Hochstimmung seiner drei Mai-Konzerte war durch Liszts Besuch noch verdoppelt worden. Richard Wagner schrieb an Theodor Uhlig in Dresden: «Hier wo ich nun gerade bin und wo manches gar nicht so übel ist, würde ich auf einer schönen Wiese bei der Stadt von Brett und Balken ein rohes Theater nach meinem Plane herstellen lassen...

Von Neujahr gingen die Ausschreibungen und Einladungen an alle Freunde des musikalischen Dramas durch alle Zeitungen Deutschlands mit der Aufforderung zum Besuche des beabsichtigten dramatischen Musikfestes: wer sich anmeldet und zu diesem Zwecke nach Zürich reist, bekömmt gesichertes Entrée, natürlich wie alles gratis! ...Ist alles in gehöriger Ordnung, so lasse ich dann unter diesen Umständen drei Aufführungen des Siegfried in einer Woche stattfinden: nach der dritten wird das Theater eingerissen und die Partitur verbrannt.»

Das ist erstaunlich – da sind sie bereits, die späteren Festspiele, und die Festwiese der Meistersinger dazu. Dass am Ende die Partitur auch noch verbrannt werden musste, hat etwas vom Austreiben des Winters beim Sechseläuten. Nur die Sache mit den Freibilletten war eben leider nicht zu verwirklichen.

Im September brach Wagner nach Italien auf, und in La Spezia verdichteten sich seine Pläne zum «Rheingold» zu einer kolossalen Inspiration, der wir den strömenden Urbeginn der Tetralogie in Es-Dur verdanken. Dies Erlebnis beschreibt Richard Wagner in «Mein Leben» – am Ende heisst es: «und schnell begriff ich auch, welche Bewandtnis es durchaus mit mir habe: nicht von aussen, nur von innen sollte der Lebensstrom mir zufliessen. Sogleich beschloss ich nach Zürich zurückzukehren und die Komposition meines grossen Gedichtes zu beginnen.» Komposition sei für ihn die Niederschrift von etwas Fertigem, hat Wagner einmal gesagt – hier war dies tatsächlich der Fall, denn er brauchte nur acht Wochen für die Kompositionsskizze der ganzen Oper von zweieinhalb Stunden.

Im November 1853 schrieb er an Liszt: «Freund, ich bin im Wunder! Eine neue Welt legt sich mir offen. Die grosse Szene im Rheingold ist fertig: ich sehe einen Reichtum vor mir, wie ich ihn nicht zu ahnen wagte. Ich halte mein Vermögen für unermesslich: alles wallt und musiziert in mir... und ein so göttlicher Glaube beseelt mich, dass ich selbst – der Hoffnung nicht bedarf!» Daran ist kein Wort zuviel: der «Beziehungszauber» (Thomas Mann) hatte begonnen und die Partitur legte mit ihrer Motivfülle den Grundstein zum Riesenbau des Ring bis zur Götterdämmerung von 1872.

Das Rheingold wurde ein Konversationsstück allerhöchster musikalischer Intelligenz: Die Textbehandlung wechselt geschmeidig zwischen Rezitativischem und Cantablem, ständig kommentiert von den Motiven des Orchesters. «Schöne Stellen» gibt es – sieht man einmal ab vom «Einzug der Götter in Walhall», nicht. Mit ihrem Herauslösen aus dem Zusammenhang ist der Musik Wagners überhaupt schlecht gedient, da gerade die grossräumige Disposition der Szenen und Akte so zwingend ist.

Am 15. Januar 1854 schrieb Richard Wagner an Liszt: «Nun, das Rheingold ist fertig – fertiger als ich glaubte. Mit welchem Glauben ging ich an die Musik! Mit welchem Verzweiflungsmut habe ich endlich fortgefahren und geendet: ach, wie auch mich die Not des Goldes umspann! Glaub' mir, so ist noch nicht komponiert worden: ich denke mir, meine Musik ist furchtbar, es ist ein Pfuhl von Schrecknissen und Hoheiten.»

Als Regieanweisung der 2. Szene der Oper lesen wir: «freie Gegend auf Bergeshöhn» – es ist belegt, dass Richard Wagner diese Szene auf dem Julier Pass vor sich sah. Dass die Landschaft der Schweiz und das Hochgebirge im besonderen für ihn eine Quelle der Inspiration gewesen ist, hat er immer wieder gesagt und geschrieben. Bei seiner Intensität ging er nicht spazieren, sondern wanderte – und zwar mit Passion. Seine besondere Liebe galt der wild aufgetürmten Gebirgslandschaft der Urschweiz. Das Tagespensum und die Ausdehnung dieser Wanderungen setzt uns bei seiner labilen Gesundheit in Erstaunen. Er wanderte oft tage- und wochenlang, auch ohne Begleitung. Von St. Moritz aus brach er mit Theodor Herwig und einem Führer sogar einmal zu einer Gletscherwanderung ins Roseggtal auf. In diesen Regionen erschienen seiner Phantasie die Gestalten seiner Götter, Wotan der Wanderer, Frickas gekränkte Hoheit und die helle Strahlkraft Brünnhildes. Sie alle besitzen die absolute Grösse dieser Hochgebirgswelt.

In Venedig schrieb er später in sein Tagebuch: «Lasst mich noch die Werke schaffen, die ich dort empfing, im ruhigen, herrlichen Schweizerlande, dort mit dem Blick auf die erhabenen, goldbekränzten Berge: es sind Wunderwerke, und nirgends sonst hätte ich sie empfangen können. Lasst mich sie vollenden.» Da steht es, schwarz auf weiss, obwohl man sich das alles viel weiter nördlich in einem urzeitlichen Nebellande vorgestellt hätte. Aber Geographie und Atmosphäre sind offenbar nicht dasselbe.

Ganz besonders hatten es ihm der Blick von Brunnen auf den Urnersee angetan und dessen etwas abgründige Schönheit. Er kehrte immer wieder an diesen Ort zurück und zeigte ihn mit Vorliebe seinen Besuchern aus dem Ausland. Er sah in Brunnen den Idealplatz für ein Festspielhaus mit Durchblick für das Publikum auf den See und den Uri-Rotstock, hatte dabei allerdings nicht mit den Tücken des Sees gerechnet ... ein fürchterliches Unwetter machte ihm klar, wie illusorisch hier die Idee eines Festspielhauses war.

Auch mit dem Ehepaar Mathilde und Otto Wesendonck war Richard Wagner auf einem Alpenausflug nach Brunnen gekommen, aber dies war nicht die einzige Annäherung zwischen ihm und Mathilde Wesendonck. Schon 1853 hatte er für sie eine Klaviersonate mit dem Motto «Wisst ihr, wie das wird» geschrieben. Mathilde, beunruhigt durch den düsteren Spruch der Nornen, bat ausgerechnet Minna Wagner um eine Erklärung. Ein Jahr später, im Herbst 1854, machte Wagner in Mariafeld die Bekanntschaft mit Schopenhauers Schriften, und in dieser Konstellation, der immer enger werdenden Beziehung zu Mathilde Wesendonck und der Lektüre der «Welt als Wille und Vorstellung», schrieb er 1854 an Liszt: «Da ich nun aber im Leben nie das eigentliche Glück der Liebe genossen habe, so will ich diesem schönsten aller Träume ein Denkmal setzen ...» Es war die erste Idee zu Tristan und Isolde.

Das Ehepaar Wesendonck war 1851 nach Zürich gekommen – Mathilde war damals dreiundzwanzig Jahre alt, Otto Wesendonck acht Jahre älter – und wohnten zunächst im «Baur au Lac». Sie müssen in der Tat steinreich gewesen sein, da sie bis zur Fertigstellung ihres Hauses im Jahre 1857 dort wohnten. Seit 1853 war Richard Wagner regelmässiger Besucher in ihren Hotelzimmern – sie besuchten ihn dafür im weit bescheideneren Zeltweg. Mathildes Texte der berühmten Wesendonck Lieder verraten eine hochsensible, intelligente und in ihrer Gefühlswelt alles andere als banale Frau, die sich, das wird besonders in den Gedichten «Träume» und «Im Treibhaus» deutlich, die Überhöhung ihrer offenbar glücklichen Ehe durch die schwärmerische Beziehung zu Richard Wagner nicht versagen wollte. Diese Gedichte unterscheiden sich grundsätzlich von dem, was eine Dame der guten Gesellschaft dieser Zeit dichtete, sie verraten tiefe Betroffenheit und natürlich den Einfluss Richard Wagners.

Die Makellosigkeit und die biedermeierliche Hübschheit ihres Portraits von 1850 wird daher eher der Spiegel des Zeitgeschmacks als ihre wirkliche Natur gewesen sein. Ganz anders wirkt sie auf dem bekannten Aquarell mit ihrem Sohn Guido, es zeigt eine elegante Frau mit schwermütigen Augen. Klassizistisch verklärt ist ihre Portraitbüste in Tribschen; das schöne, idealisierte Gesicht scheint noch immer den Worten Richard Wagners zu lauschen. Mathilde Wesendonck erschien zur rechten Zeit und war das Echo, das Richard Wagner ersehnt hatte – das Ausserordentliche ihres Lebensstils spielte sicher bei dieser Verzauberung auch eine Rolle.

1856 beendigte Richard Wagner die Partitur der Walküre und schrieb an Dr. A. Pusinelli: «Mit Schmerzen ist nun auch die Walküre fertig geworden, sie ist schöner als alles, was ich je geschrieben habe – aber sie hat mich furchtbar angegriffen... aber Ruhe, Ruhe sonst halt ich's nicht aus!» Niemals zuvor hatte die Opernbühne Szenen von solcher Zartheit und Masslosigkeit erlebt, wie in der Liebe von Siegmund und Sieglinde. Wie ergreifend war in der Todesverkündigung der Übergang vom widerwilligen Gehorsam Brünnhildes in den Jubel der freien Entscheidung, wie gross der Atem der Schlussszene. Und all das getragen von einem Orchester, dessen Behandlung von kammermusikalischer Durchsichtigkeit bis zur Phantasmagorie des Feuerzaubers reicht.

Das Jahr 1856 brachte auch die Begegnung mit Gottfried Keller. «Ich gehe viel mit Richard Wagner um, welcher ein genialer und auch guter Mann ist», schreibt der Dichter an Hermann Hettner. «Wenn Sie Gelegenheit finden, seine Nibelungentrilogie zu lesen, welche er für Freunde hat drucken lassen, so tun Sie es doch. Sie werden finden, dass eine gewaltige Poesie urdeutsch, aber von antik-tragischem Geiste geläutert, darin weht. Auf mich hat es wenigstens diesen Eindruck gemacht...»

Aber schon ein Jahr später: «ein begabter Mensch, aber auch etwas Friseur und Charlatan.» Die beiden Männer waren nicht geschaffen, einander zu verstehen. Auch Richard Wagners Bemerkungen über Gottfried Keller in «Mein Leben» sind gönnerhaft und abwertend. Richard Wagners persönlicher Zauber muss jedoch geradezu ungeheuer gewesen sein, ebenso wie sein staunenswertes Selbstbewusstsein und sein nie endendes Mitteilungsbedürfnis, das Robert Schumann kurz seine «Suada» nannte.

Im September begab sich Richard Wagner für zwei Monate zu einer Wasserkur nach Mornex am Salève, in der Nähe von Genf, um seine Gesichtsneurose zu kurieren. Der einsichtsvolle Dr. Vaillant konstatierte «Vous êtes rien que nerveux» – was sollte er auch anderes sein. Er harrte tapfer zwei Monate aus, kehre kuriert nach Zürich zurück und machte sich an die Komposition des «Siegfried».

Im Oktober 1856 kam Franz Liszt erneut zu einem Besuch nach Zürich, aber diesmal erschien kurz nach dem Freund auch die Fürstin Sayn-Wittgenstein, was die Dinge komplizierte. Sie logierten im «Baur au Lac» und blieben fünf Wochen. Liszts ausserordentlich brillante, aber auch anspruchsvolle Geliebte war Wagner, was Unermüdlichkeit bei intellektuellen Gesprächen betraf, durchaus gewachsen. In Kürze hatte sie sämtliche Geistesgrössen von Zürich um sich versammelt, und Wagner war nur einer von vielen, eine Situation, an die er sich absolut nicht gewöhnen konnte. Zudem bezeichnete sie seine Prosaschriften als «grosses bêtises». Alles andere also als eine Wiederholung der jugendlich enthusiastischen Freundschaftstage vom Rütli.

Liszt spielte mit Richard Wagner seine symphonischen Dichtungen an zwei Klavieren, und sie beeinflussten mit ihrer avancierten Harmonik ohne Zweifel die Musik des Tristan. Sie haben Richard Wagner so sehr beeindruckt, dass er 1857 einen «Offenen Brief über Liszts Symphonische Dichtungen» schrieb. An einem Abend im «Baur au Lac» demonstrierte Wagner auf seine bezwingende Art gestikulierend, singend und klavierspielend den 1. und Teile des 2. Aktes der «Walküre». Den Abschluss bildete ein gemeinsames Konzert in St. Gallen, in dem Liszt seine «Préludes» und seinen «Orpheus», Richard Wagner aber die «Eroica» dirigierte. Er scheint froh gewesen zu sein, als sie wieder abreisten, aber die grosse Allure der strapaziösen Aristokratin hatte trotz allem den demokratischen Zürchern grossen Eindruck gemacht.

Auch hierzu gibt es einen Kommentar von Gottfried Keller: «Die Ferschtin Wittgenstein hat mit allen Notabeln Zürichs Freundschaft geschlossen, schreibt lange Briefe an sie und schickt ihnen ungeheure Gipsmedaillons Liszts... Ich allein bin dunkel vor ihren Augen geblieben und habe weder Brief noch Medaillon, worüber ich mich zu fassen weiss.»

Inzwischen war eine Villa grössten Stils, umgeben von einem ausgedehnten Grundstück, das später zum Park umgestaltet wurde, auf dem Gabler, einer Anhöhe über dem

See, für Otto und Mathilde Wesendonck im Bau. Angrenzend wurde ein kleines Fachwerkhaus eigens für Richard Wagner hergerichtet. Er zahlte nur eine symbolische Miete für Haus und Garten, und Mathilde schrieb an Minna Wagner «O möge dieses Häuschen ein wahres Asyl des Friedens und der Freundschaft sein.» Das Unvermeidliche musste seinen Lauf nehmen.

Am 22. August konnten die Wesendoncks endlich ihr prachtvolles Haus beziehen. Wagner schreibt dazu in «Mein Leben», und man muss sich vor Augen halten, dass dies Cosima diktiert wurde: «Wir waren uns jetzt durch die unmittelbare, eigentlich ländliche Nachbarschaft so nahe gerückt, dass eine starke Vermehrung der Beziehungen bloss durch die einfache Berührung nicht ausbleiben konnte.» Das könnte in seiner klinischen Sachlichkeit auch bei Eckermann stehen, vermochte aber weder Cosima noch die Nachwelt zu täuschen.

In dieser schönen, aber gefährlichen Nähe begann Richard Wagner am 1. Oktober die Komposition des «Tristan». Er hatte dafür den «Siegfried» beim Ende des 2. Aktes unterbrochen, was er mit Humor am 28. Juni 1857 dem Freund Liszt meldete: «Ich habe meinen jungen Siegfried noch in schöne Waldeinsamkeit geleitet, dort habe ich ihn unter der Linde gelassen und mit herzlichen Tränen von ihm Abschied genommen...»

Der junge Siegfried, den Richard Wagner hier so väterlich zur Ruhe bettete, weckt erst im 3. Akt Brünnhilde aus dem Schlaf. Und hier liegt vielleicht, und nicht in der unsympathischen Gesellschaft Mimes und in den langwierigen Rätselspielen Wotans, die Schwierigkeit dieses 1. Aktes: es ist ein Akt ohne Frauenstimmen, und das ist akustisch ganz entschieden ein Manko. Kein dramatischer Sopran und auch kein königlicher Mezzo – ein höchst unbehagliches Scherzo.

Auf dem düsteren Vorspiel zum 2. Akt lastet die Schwere des Lindwurms («Ich lieg und besitz») und es braucht einige Zeit, bis sich das Ohr an die dunklen Klangfarben gewöhnt hat. Richard Wagner zeichnet die Benachteiligten, die Glückslosen mit ebensoviel Interesse und Mitgefühl wie die Götter- und Lichtgestalten und gibt ihnen starke Individualität. Im Venezianischen Tagebuch schreibt er: «Das Mitleiden erkenne ich als stärksten Zug meines moralischen Wesens, und vermutlich ist dieser auch der Quell meiner Kunst.» Dann aber folgt: «Es handelt sich hier nicht darum, was der andere leidet, sondern was ich leide, wenn ich ihn leidend weiss.» Das ist Schopenhauer, in einer ungeheuer ichbezogenen Transposition.

Mit dem bezaubernden Waldweben lichtet sich das Klangbild – Hörnerklang und Vogellaut wie in einer Idylle von Moritz von Schwind. Die Idee zum Waldvogel verdanke er seinen Spaziergängen im Sihltal, schreibt Richard Wagner in «Mein Leben». Aus dem Schweizer Vetter wurde so der mythische Urvogel schlechthin.

In die erste Zeit Wagners im «Asyl» der Wesendoncks fiel auch ein Besuch von Cosima und Hans von Bülow, und gerade während dieser Zeit vollendete Richard Wagner die Dichtung von «Tristan und Isolde». Er widmete sie Mathilde mit der überschwenglichen Versicherung, ihr allein verdanke er die Vollendung. Ihre Antwort ist überliefert: «Nun habe ich keinen Wunsch mehr.» Aber er liess es dabei nicht bewenden, sondern las sie ihr in Gegenwart von Cosima und seiner Frau Minna vor, ein Zeichen von erschreckender Indifferenz gegenüber den Empfindungen anderer.

In den kommenden Monaten entstanden die «Wesendonck-Lieder». «Träume» und «Im Treibhaus» bringen, als Studien zum Tristan, genaue Zitate aus dem 2. und 3. Akt. «Schmerzen» beginnt beziehungsreich mit dem gleichen Akkord wie der 2. Akt der Oper und vergleicht damit das Verlöschen der Leuchte Isoldes mit dem Untergang der Sonne. Ideenfülle und Ausdruckstiefe des Zyklus sind ausserordentlich und verweisen auf die Dimensionen der Opern, in deren Umfeld er entstanden ist. Obwohl der grosse Atem dieser Lieder nach dem Orchesterklang geradezu verlangt, wurde nur «Träume» von Richard Wagner selbst orchestriert – die einfühlsame und sehr «wagnerische» Instrumentation der übrigen Lieder stammt von Felix Mottl.

Am 23. Dezember 1857 dirigierte Richard Wagner «Träume» in einer Bearbeitung für Violine und kleines Orchester in der Villa Wesendonck als Geburtstagsgeschenk für Mathilde – in Abwesenheit des Hausherrn, der sich wegen einer finanziellen Transaktion in New York aufhielt. Dass sich ihre Beziehung dadurch immer unverhüllter zeigte und langsam zum gesellschaftlichen Skandal wurde, merkten Mathilde Wesendonck und Richard Wagner offenbar nicht, denn sie lebten in einer anderen Welt – am 31. Dezember beendete Richard Wagner die Kompositionsskizze des 1. Aktes von «Tristan und Isolde».

Nicht nur Otto Wesendonck, sondern auch Minna Wagner litt an diesem Glück. Zur Entspannung der Situation fuhr Richard Wagner Mitte Januar für einige Wochen nach Paris, und der bestürzte Otto Wesendonck reiste mit seiner Frau nach Italien, um allen Gerüchten die Spitze zu nehmen. Der Versuch eines weiteren Zusammenlebens in den

Formen kultivierter Grosszügigkeit scheiterte an Minna Wagners verständlicher, aber kleinlicher Eifersucht.

Mathilde hatte seit einiger Zeit Italienischstunden bei Francesco di Sanctis von der Zürcher Universität genommen. Dass der lästige Professor Mathilde auch bei Ausfahrten begleitete und als Freund in der Villa Wesendonck verkehrte, reizte Richard Wagner. In einem Brief, der berühmten Morgenbeichte, versuchte er sich verständlich zu machen. Es ist ein sehr wichtiger Brief, denn durch ihn erfahren wir von der Würde dieser Beziehung. Er ist auch ein Liebesbrief, vor allem aber dreht er sich um ihre Gespräche: um nichts Geringeres als den Faust, und enthält den ganzen Überredungszauber Richard Wagners. Er endet: «Nimm meine ganze Seele zum Morgengrusse». Natürlich konnte ihn Minna nicht verstehen. Dass sie ihn abfing und ihn auf ihre Weise interpretierte, beendete diese Affaire auf banale und unwürdige Weise.

Sommergäste sollten die Traurigkeit einer Beziehung, die ihre Unbefangenheit verloren hatte, erträglicher machen, darunter Cosima und Hans von Bülow und die Gräfin d'Agoult, Cosimas Mutter und einstige Geliebte Liszts. Minna löste schliesslich den Haushalt auf. Um das Mobiliar zu verkaufen, setzte sie eine Anzeige ins Tagblatt der Stadt Zürich, unterschrieb mit «Frau Wagner auf dem Gabler in der Enge neben Herrn Wesendonck» und sorgte so zu allem Überfluss für die allgemeine Schadenfreude.

Richard Wagner aber reiste über Genf nach Italien, im Gepäck die Partitur des «Tristan»; ein Fieber, das noch lange nicht abgeklungen war. In einem der Giustiniani-Paläste in Venedig vollendete er den 2. Akt. Der 3. Akt der Oper entstand im Hotel Schweizerhof in Luzern. Der Erard Flügel, der bereits im Asyl in Zürich gestanden hatte, war ihm nach Venedig und dann noch einmal über die Alpen hierher nach Luzern gefolgt. An ihm beendete Richard Wagner am 6. August 1859 die Partitur des «Tristan». Blickte er aus seinem Fenster im Schweizerhof, so schaute er hinüber zur Halbinsel von Tribschen – er sollte sich sieben Jahre später daran erinnern.

Dass die Beziehung zu Mathilde Wesendonck mit dem Auszug aus dem Asyl in Zürich nicht zu Ende war, bezeugen Wagners Briefe und das Venezianische Tagebuch. Aber die ungeheuren Emotionen und die dadurch freigewordenen Energien hatten sich in die Musik des «Tristan» verwandelt. Sie gehört zu den epochemachenden Werken der Musik. Die Wunder dieser Partitur sind wieder und wieder beschrieben worden, und ihre Kühnheit gelten als Geburtsstunde aller musikalischen Moderne. Auch Antiwagnerianer bewundern den «Tristan» – die absolute Konzentration des Stoffes von Gottfried von Strassburg, die meisterliche Disposition der Szene und das Feuer seiner singulären Inspiration, in deren enharmonischen Verwechslung Liebe zur Folter, Tod zum Leben und der Augenblick zur Ewigkeit werden.

Nach der Beendigung der Partitur entstand aufs neue ein vorsichtiger Kontakt zwischen Richard Wagner und den Wesendoncks, die ihn sogar in Luzern besuchten. Um Richard Wagner den Umzug nach Paris zu ermöglichen, kaufte Otto Wesendonck die Rechte des Rheingold und der Walküre. Vielleicht war er erleichtert, Wagner ausser Landes zu wissen.

Ausser Richard Wagner selbst haben die Personen des Stücks nun gewechselt – aus dem gütigen Financier Otto Wesendonck ist ein schwärmerischer, aber ebenso freigiebiger junger König geworden. Die romantische, taktvolle Mathilde Wesendonck wurde ersetzt durch Cosima von Bülow, eine Frau von erschreckender Konsequenz, die ihr Vater Franz Liszt «ma terrible fille», aber auch «Cosima unica» nannte. Und für die Zürcher Freunde von einst stand während der letzten drei Jahre von Tribschen die geistige Kapazität eines einzigen Mannes, der des jungen Professor Nietzsche von der Universität Basel.

Richard Wagners chronische Geldnöte hatten katastrophale Formen angenommen. Im Frühjahr 1864 versuchte er es noch einmal mit der Schweiz und zog sich auf vier Wochen zu Eliza Wille nach Mariafeld in Meilen zurück. Dort bekannte er der Freundin:

«Ich bin anders organisiert, habe reizbare Nerven; Schönheit, Glanz und Licht muss ich haben! Die Welt ist mir schuldig, was ich brauche! Ich kann nicht leben auf einer elenden Organistenstelle, wie Ihr Meister Bach! Ist es denn eine ungeheure Forderung, wenn ich meine, das bisschen Luxus, das ich leiden mag, komme mir zu? Ich, der ich der Welt und Tausenden Genuss bereite!»... Verzweifelt bat er sogar Otto Wesendonck, diesmal aber vergebens, um Überlassung des «Asyl». Nichts mehr schien die drohende Schuldhaft abwenden zu können.

Aber nun geschah ein Wunder. In dieser völlig ausweglosen Lage erschien zwar nicht der Schwanenritter, aber Franz Seraph von Pfistermeister, der Sekretär des jungen Königs von Bayern. Ludwig II liess Richard Wagner zu sich nach München rufen, sorgte für die Tilgung seiner Schulden und lud ihn an den Starnberger See ein.

Doch der Komponist mischte sich bald in die Politik des Hofes ein und stellte enorme finanzielle Forderungen, die selbst die Möglichkeiten der königlichen Schatulle überstiegen. Noch gefährlicher aber wurde ihm sein Privatleben: Cosima von Bülow war neben ihrer Ehe auch die Domina des Wagnerschen Hauses geworden; Isolde war das erste Kind aus dieser Verbindung. Ludwig der II musste sich schliesslich dem Druck der öffentlichen Meinung beugen, und Richard Wagner verliess auf allerhöchsten Befehl am 10. Dezember 1865 Bayerns Hauptstadt.

Er wandte sich zunächst nach Genf und mietete dort für einige Monate die Villa «Les Artichauts», hier wurde die Arbeit am 1. Akt der «Meistersinger» wieder aufgenommen, aber bald versuchte Richard Wagner, dem Genfer Winter nach Südfrankreich zu entfliehen, ein ideales Domizil auf Dauer wollte sich jedoch auch dort nicht finden lassen. Wieder in Genf, beendete er am 23. März 1866 die Partitur des 1. Aktes der «Meistersinger».

Fast genau sieben Jahre nach Vollendung des «Tristan» kehrte Richard Wagner nach Luzern zurück und kam am Karfreitag 1866 auf einer Dampferfahrt mit Cosima von Bülow nach Tribschen – sie hatten gefunden, was sie suchten. Schon am 15. April des gleichen Jahres konnte Richard Wagner dort einziehen, aber es sollte noch fast drei Jahre dauern, bis das schmale Haus auf der Halbinsel zum Idyll von Tribschen wurde, als das es ihnen im ersten Augenblick erschienen war. Zuerst musste eine Lösung gefunden werden für eine Situation, die unlösbar schien: es galt, sich von

Hans von Bülow als Ehemann zu trennen, ohne ihn als idealen Dirigenten von Richard Wagners Oeuvre in München zu verlieren. Und das, ohne Ludwig von Bayern, den Freund und dringend benötigten Financier vor den Kopf zu stossen.

Cosimas und Richards Zumutungen an den König gingen später so weit, dass sie ihn baten, den Münchner Klatschgerüchten mit einem offenen Brief entgegenzutreten. Das war bewusster Betrug, denn Cosima erwartete zu dieser Zeit bereits das zweite Kind von Richard Wagner. Ludwig II. in seinem naiven Idealismus tat, was man von ihm erwartete. Als er aber erfuhr, wie sehr man ihn missbraucht hatte, zog er sich verletzt zurück, ohne jedoch seine Jugendträume fahren zu lassen – grosszügig unterstützte er auch weiterhin Richard Wagner bis zum Bau des Festspielhauses von Bayreuth. Als Gegenleistung – und welche Gegenleistung war das! – machte ihm Richard Wagner allerdings die Originalpartituren der Feen, des Liebesverbots, des Rienzi, der Meistersinger, des Rheingold und der Walküre zum Geschenk.

Zwei Tage nach seinem Einzug in Tribschen schrieb Richard Wagner an Cosima: «Heute Dienstag herrlicher Morgen – Markttag – Kahn auf Kahn, von Uri, Schwyz und Unterwalden zum Luzerner Markt: ein wonnevoller Anblick, ganz unsäglich schön – auf diesem Hintergrunde, auf diesem lieblich glatten Seeboden, wo jeder Kahn von einem strahlenden Silberkreise umwoben wird. Ein solcher Morgen ist nicht zu teuer mit einem beschwerlichen Wintermonat bezahlt.» Drei Wochen später war Cosima mit ihren drei Kindern, darunter Isolde, dem ersten Kind Wagners, bei ihm.

Am 22. Mai erschien Ludwig von Bayern in Tribschen, um mit Richard Wagner dessen 53. Geburtstag zu feiern und zusammen unternahm man einen Ausflug nach Alpnach und Stans. Aber so sehr sich auch der phantastische Monarch über seine gelungene Überraschung freute – die Münchner Öffentlichkeit zeigte denkbar wenig Verständnis für die demonstrative Geste ihres Königs.

Am 17. Februar 1867 kam Richard Wagners zweite Tochter in Tribschen zur Welt und erhielt den Namen Eva, nach der bezaubernden Tochter Pogners aus den «Meistersingern», an denen Richard Wagner nun wieder arbeitete. Daneben diktierte er Cosima, wenn sie bei ihm sein konnte, seine Autobiographie «Mein Leben», die er in München auf Wunsch des Königs begonnen hatte. In ihrem seltsam gewundenen Stil werden die Fakten – vorsichtig ausgedrückt – jedoch mit einiger Freiheit dargestellt.

Im Oktober sagte sich Franz Liszt in Tribschen an. Die gefürchtete Unterredung – natürlich ging es um Cosima und Hans von Bülow – dauerte mehr als sechs Stunden. Dann aber entdeckte Liszt auf dem Flügel die Partitur der «Meistersinger» und spielte darin bis Mitternacht – daneben verlor alles andere an Wichtigkeit. Vierzehn Tage später waren die «Meistersinger» vollendet.

Das Werk erlebte am 21. Juni des folgenden Jahres in München seine Uraufführung unter Hans von Bülow. Dass Richard Wagner den Applaus an der Seite Ludwig von Bayerns in der Königsloge entgegennehmen konnte, verstiess gegen jede Etikette – aber die Presse schrieb begeistert: «Augustus und Horaz» – der Erfolg war beispiellos.

Die «Meistersinger» sind das Festspiel par excellence. Der prallen, mittelalterlichen Lustbarkeit voll Johannisnachtzauber und lärmendem Aufzug der Zünfte verleiht die Resignation und Würde des Hans Sachs eine Dimension der Tiefe und der höheren Heiterkeit. Sie verwandelt den nationalen Jubel und die C-Dur Pracht in ein sehr bewegendes Spiel von Kunst, Liebe und Entsagung. Dass diese Entsagung von sehr persönlicher Natur war, erfahren wir aus einem Brief Richard Wagners an Mathilde Wesendonck. Er endet: «Da, noch ein Schusterlied! Ade! mein Kind! Der Meister»

Gegenüber dem Reichtum der Riesen-Partitur gerät man ins Staunen: das höchst Kunstvolle im Gewand des Populären. Hanslicks erstaunliche Kritik in der Wiener Neuen Presse vom 24./26. Juni 1868 sei als Unikum hier angeführt:

«... Nicht die Schöpfung eines echten Musik-Genies haben wir kennengelernt, sondern die Arbeit eines geistreichen Grüblers, welcher – ein schillerndes Amalgam von Halb-Poet und Halb-Musiker – sich aus der Specialität eines in der Hauptsache lückenhaften, in Nebendingen blendenden Talentes ein neues System geschaffen hat, ein System, das in seinen Grundsätzen irrig, in seiner consequenten Durchführung unschön und unmusikalisch ist. Wir zählen die «Meistersinger» mit einem Worte zu den interessanten musikalischen Ausnahme- und Krankheitserscheinungen...»

Cosima, entschlossen, der für alle unerträglichen Situation ein Ende zu machen, drängte auf eine Scheidung von Hans von Bülow und zog im Spätherbst mit ihren Töchtern Isolde und Eva endgültig zu Richard Wagner nach Tribschen.

Das Bild Cosima Wagners hat durch die Veröffentlichung ihrer Tagebücher im Jahre 1976 eine sehr wesentliche

Korrektur erfahren. Das Antipathische ihres geradezu skrupellosen Sendungsbewusstseins wurde gemildert zu wirklicher menschlicher Grösse. Wir erleben eine Frau, die ihre Schuld gegenüber Hans von Bülow mit tiefem Ernst zu büssen versuchte und die alles der einzigen Wahrheit ihres Lebens unterordnete: Richard Wagner. Sie begann dieses Tagebuch am 1. Januar 1869 in Tribschen für ihre Kinder mit den Worten: «Das Jahr 1868 bezeichnet den äusseren Wendepunkt meines Lebens, in diesem Jahr wurde es mir vergönnt, das zu betätigen, was seit fünf Jahren mich beseelte. Dieser Betätigung habe ich nicht nachgesucht, sie nicht herbeigeführt, das Schicksal hat sie mir auferlegt.»

Cosima und Richard Wagner als Idealbild des «Hohen Paares» entsprach einer von ihnen tief empfundenen Wahrheit. Da sie sich offenbar als höchste Instanz verstanden, versagen ihnen gegenüber alle moralischen und bürgerlichen Massstäbe. Aber ihre Grösse behält in ihrer Selbst-Inszenierung etwas Fragwürdiges.

Aus Cosima Besuchen in Tribschen war endlich eine ruhige und beständige Gegenwart geworden. In dieser neuen und glücklichen Situation, nahm Richard Wagner den 3. Akt des «Siegfried» in Angriff, und man glaubt ihm das neugefundene Gleichgewicht von Tribschen anzuhören. In einem ausführlichen Brief vom 23. und 24. Februar 1869 beschreibt er Ludwig von Bayern voller Genugtuung die Wiederaufnahme des «Siegfried» nach 12 Jahren, und er tut es staunend, als sei es das Werk eines andern. Wir erfahren vom Rhythmus seiner Arbeit, seinen Spaziergängen mit seinem Hund Russ, vom glücklichen Stöbern im Antiquariat Schiffmann an der Krongasse in Luzern und von seiner abendlichen Lektüre. Darüberhinaus zeugt gerade dieser

Brief in seiner Wahrhaftigkeit und Detailtreue von einem echten und tiefen Gefühl Wagners für den jungen König. Um dahin vorzudringen, bedarf es allerdings einiger Ausdauer. Wie immer in der Korrespondenz zwischen Richard Wagner und Ludwig II gilt es zunächst die Hürden der haarsträubend exaltierten Anreden zu nehmen, die den König als Gottgesandten und Geliebten feiern, die aber ihrerseits nur eine Antwort auf die verstiegenen Huldigungsadressen des Monarchen sind. Wie sehr Richard Wagner unter dieser Abhängigkeit und Verstrickung gelitten hat, in der einer des anderen Opfer wurde, davon erzählen Cosimas Tagebücher.

Richard Wagner hatte recht, als er dem König mit Staunen die Komposition des 3. «Siegfried»-Aktes beschrieben hatte – er ist in seiner grossen Emotion einzigartig: das stürmische Auftreten des Wanderers, die Beschwörung der Erde in mythischem Licht und das Versiegen des vollen Orchesters zu einer einzigen Linie, mit der die Geigen die «seelige Öde auf wonniger Höh» in den frühen Morgen zeichnen. Nach dieser Zurücknahme aller Mittel ist der Reichtum der Schlussszene um so überwältigender.

Am 15. Mai klopfte der neugebackene Professor Friedrich Nietzsche zum erstenmal in Tribschen an und wurde, da Wagner komponierte, zwei Tage später zum Essen eingeladen. Richard Wagner hatte ihn im vergangenen Oktober in Leipzig kennengelernt und war von seiner hochintelligent formulierten Bewunderung und dem geistigen Format des jungen Mannes, Nietzsche war damals 24 Jahre alt – Wagner 31 Jahre älter, so beeindruckt, dass er ihn nach Tribschen eingeladen hatte. Es war der erste von dreiundzwanzig Besuchen Nietzsches in Tribschen. Er schrieb damals an den Freund Erwin Rhode: «Übrigens habe ich auch mein Italien wie Du, nur dass ich mich dahin immer nur die Sonnabende und Sonntage retten kann. Es heisst Tribschen und ist mir bereits ganz heimisch. In letzter Zeit bin ich kurz hintereinander viermal dort gewesen, und dazu fliegt fast jede Woche auch ein Brief dieselbe Bahn. Liebster Freund, was ich dort lerne und schaue, höre und verstehe, ist unbeschreiblich. Schopenhauer und Goethe, Aeschilus und Pindar leben noch, glaub es nur.» Cosima vermerkte dazu in ihrem Tagebuch: «Ein ruhiger angenehmer Besuch.»

Der «Tannhäuser»-Skandal in Paris war nur eine Äusserlichkeit gewesen – auch in Frankreich fand Richard Wagners Musik ein begeistertes Echo. Am 17. Februar 1860 hatte ihm Baudelaire geschrieben: «... von Ihnen wurde ich sogleich besiegt. Was ich empfand, ist nicht zu beschreiben, und – bitte, lachen Sie mich nicht aus! – ich versuche dies zu erklären. Zunächst schien es mir, als ob ich diese Musik kannte; doch später, als ich darüber nachdachte, verstand ich, wie es zu dieser Täuschung kam: es war mir, als ob diese Musik meine Musik wäre, und ich erkannte sie so wieder, wie jeder Mensch die Dinge wiedererkennt, die er zu lieben bestimmt ist...

... Ich füge nicht meine Anschrift an, da Sie sonst vielleicht glauben möchten, ich wolle Sie um etwas bitten...»

Nun kamen drei weitere französische Wagnerianer nach Tribschen: Graf Villiers de l'Isle d'Adam, Catulle Mendès und Judith Gauthier. Hatte Cosima einst unter Tränen der Lesung des Tristan für Mathilde in der Villa Wesendonck beigewohnt – so erlebte sie nun die Bezauberung Richard Wagners durch die herrliche Judith, die ihm zur Zeit des

Parsifal in Bayreuth noch so sehr zu schaffen machen sollte. Irritiert schrieb sie in ihr Tagebuch: «Diese Frau spricht alles aus, was ich im Herzen glaube; dass sie es aussprechen kann, macht sie mir fremd.»

Ludwig II, durch die Bülow-Affäre verletzt und am Ende seiner Geduld, bestand auf seinen Rechten am «Ring» und liess das «Rheingold» in München uraufführen, was Richard Wagner, zugunsten einer späteren Gesamtdarstellung des «Ring» vergeblich zu verhindern suchte. Er blieb der Uraufführung am 22. September 1869 demonstrativ fern und machte sich an die Komposition der Nornenszene der «Götterdämmerung». Genauso vergeblich war sein Versuch, den König dazu zu überreden, wenigstens die «Walküre» nur unter Ausschluss der Öffentlichkeit zu geben. Bei der Menschenscheu des Monarchen ist es erstaunlich, dass auch dies nichts nützte. Am Ende der heftigen Auseinandersetzungen fand Ludwig II. allerdings Worte von erstaunlicher Demut und Grösse: «Meine Krone trage ich um Ihretwillen.»

Richard Wagner liess schliesslich dem Unvermeidlichen seinen Lauf und machte mit Cosima und den Kindern einen Ritt von Hergiswil auf den Pilatus. In München fand am 26. Juni 1870 die Uraufführung der «Walküre» statt, die begeistert aufgenommen wurde. Im Publikum sah man Franz Liszt und die französischen Wagnerianer, Joseph Joachim und Johannes Brahms, der die Werke seines Antipoden sehr hoch schätzte.

Nach der Scheidung von Hans von Bülow konnte Cosima am 25. August 1870 mit Richard Wagner in der Matthäuskirche von Luzern getraut werden. Das Datum war ein Kompliment an den König, denn es war sein Geburtstag.

Das wunderbar milde und entspannte «Siegfried-Idyll» entstand im November dieses Jahres und erklang zum erstenmal am 25. Dezember, am Geburtstag von Cosima, als Morgengabe im Treppenhaus von Tribschen. Seine Themen entstammen dem 2. und 3. Akt des «Siegfried» und sind auf bezaubernd unabsichtliche Weise ineinander verschlungen. Die Musik spiegelt dabei ohne Zweifel den Genius loci: die leichte Verhangenheit eines Herbsttages am See; Kammermusik für Orchester, viel intimer noch als die Wesendonck Lieder.

Bei der Uraufführung des «Siegfried-Idylls» wirkte als Trompeter auch der junge Hans Richter aus Wien mit, er gehörte bereits zum zweitenmal als Sekretär und Komponist zum Haushalt von Tribschen. 1866/67 hatte er eine Reinschrift der «Meistersinger» angefertigt, bei diesem seinem zweiten Besuch kopierte er die Partitur des Siegfried, die man heute noch in Tribschen bewundern kann. Zusammen mit drei anderen Musikern aus Zürich führte er sämtliche Streichquartette von Beethoven für Cosima und Richard Wagner auf. Als Dirigent des ersten vollständigen «Ring»-Zyklus 1876 in Bayreuth ist er in die Musikgeschichte eingegangen.

Den Haushalt von Tribschen darf man sich durchaus herrschaftlich vorstellen, es gab einen Kutscher, es gab Gärtner, und es gab eine Schar von Dienstboten, unter diesen auch Vreneli, die Richard Wagner seit seinem Aufenthalt im Schweizerhof bei der Komposition des «Tristan» das Haus führte. Sie war ihm nach München und später nach Genf gefolgt, und der Neufundländerhund Russ war ein Geschenk von ihr an den Hausherrn. Es gab eine ganze Menagerie von Tieren in Tribschen, darunter sogar zwei Pfauen, die Cosima aus München hatte kommen lassen und die ausgerechnet die Namen Wotan und Fricka tragen mussten.

Richard Wagners Echo auf den deutsch-französischen Krieg von 1870/71 war erschreckend. Dass eine die Franzosen verhöhnende Geschmacklosigkeit wie sein Lustspiel «Die Kapitulation» aus der selben Feder stammen konnte wie die Herrlichkeiten der «Götterdämmerung», gehört zu den Rätseln Richard Wagners. Es entstanden die bedeutenden Schriften «Beethoven», «Über die Bestimmung der Oper» und, bereits im Hinblick auf Bayreuth, «Über die Aufführung des Bühnenfestspiels Der Ring des Nibelungen». Eine Reise mit Cosima durch Deutschland festigte den Entschluss zum Theaterbau und der Übersiedlung nach Bayreuth.

Bei dieser Reise schlug ihnen in Leipzig, Dresden und Berlin eine Welle des Enthusiasmus entgegen, und Richard Wagners patriotische Kriegsbegeisterung äusserte sich in höchst verdächtigen Kommentaren zum eigenen Werk: «Wenn der Ring des Nibelungen zusammenfällt mit den deutschen Siegen, so ist das kein Zufall, ob wir es erleben oder nicht.»

Wichtigster und stets willkommener Gast während dieser drei letzten Schweizer Jahre Richard Wagners war ohne Zweifel Friedrich Nietzsche. Die Intimität dieser Beziehung zeigt sich schon allein darin, dass Nietzsche in Tribschen zu Gast war, während Cosima ihren Sohn Siegfried zur Welt brachte. Für die Zeit in Tribschen fand er auch noch später, als er seinen einstigen Mystagogen ebenso leidenschaftlich befehdete, wie er ihn früher verehrt hatte, die schönen Worte: «Ich lasse den Rest meiner menschlichen Beziehung billig: ich möchte um keinen Preis die Tage von Tribschen aus meinem Leben weggeben, Tage des Vertrauens, der Heiterkeit, der sublimen Zufälle, der tiefen Augenblicke.»

Aber er teilte auch das ganz alltägliche Familienleben mit Cosima und Richard Wagner – machte Besorgungen und kaufte Spielzeug für die Kinder in Basel – hier war er noch nicht der grosse Einsame von Sils Maria. Er war es, der Tribschen die «Insel der Seeligen» nannte.

Einmal allerdings kam es zu einer Peinlichkeit. Zu Weihnachten 1871 überraschte Friedrich Nietzsche Cosima mit einer eigenen Komposition mit dem erstaunlichen Titel «Nachklang einer Sylvesternacht mit Prozessionslied, Bauerntanz und Glockengeläut». So viel Zutraulichkeit ist rätselhaft bei einem Philosophen, und Richard Wagner musste denn auch das Zimmer verlassen, als Cosima das Stück vom Blatt spielte.

1870 entstanden parallel zu Richard Wagners «Beethoven» die Vorarbeiten zu Nietzsches «Geburt der Tragödie aus dem Geist der Musik», wozu ihn ohne Zweifel die Gespräche mit Cosima und Richard Wagner über Musik und Philosophie angeregt hatten. Als er im April 1871 das Manuskript nach Tribschen schickte, waren Richard Wagner und Cosima überrascht und indigniert, als sie darin keine Erwähnung von Richard Wagners Musikdrama fanden.

Daraufhin richtete Friedrich Nietzsche die Schrift vor dem Erscheinen durch einen erweiterten Epilog auf das Werk Richard Wagners aus – was nicht unbedingt eine Empfehlung für Nietzsches Buch an die Wissenschaft und an die Fachkollegen war – die Reaktion in Tribschen aber war begeistert.

Am 19. Oktober 1871 war auch der 2. Akt der «Götterdämmerung» abgeschlossen. Richard Wagner klagte während der Niederschrift, es müsse endlich mit der «Ring»-Komposition ein Ende haben. Aber das Werk zeigt nicht die geringsten Ermüdungserscheinungen, es ist in höchstem Grade bewundernswert. Wenn man bedenkt, dass allein der 1. Akt länger dauert als die «Elektra» von Richard Strauss, wird einem klar, welch ungeheure Anforderungen das Werk an die Sänger, aber auch an die Zuhörer stellt.

Der Beziehungsreichtum und die Erfindungsdichte der Riesenpartitur sind so ausserordentlich, dass man am besten Richard Wagner selbst zitiert: «Ich sehe nun, dass der meiner Natur normale Zustand die Exaltation ist, während die gemeine Ruhe ihr anormaler Zustand ist. In der Tat fühle ich mich nur wohl, wenn ich «ausser mir» bin: dann bin ich ganz bei mir. – Wenn Goethe anders war, so beneide ich ihn darum nicht, wie ich überhaupt doch mit niemand tauschen möchte. Was ich niederschreibe, ist alles superlativ.»

Mit dem neuen Jahr begann Richard Wagner auch den letzten Akt der «Götterdämmerung» und beendete die Partiturskizze, bevor er am 22. April endgültig nach Bayreuth aufbrach. Dieser 3. Akt zieht in seiner grandiosen Schlussszene die Summe aller musikalischen Erfahrungen des Ring, es ist Musik der ganz grossen, weiten Horizonte.

Aber die «Tage der tiefen Augenblicke» kamen zu einem Ende. Friedrich Nietzsche traf bei seinem letzten Besuch auf Cosima allein, wie sie das sorgfältig komponierte Idyll von Tribschen auflöste.

Einzigartiger schöpferischer Weitblick und unvorstellbare Geduld hatten mit der Partiturskizze der «Götterdämmerung» den Schlussstein zum «Ring» gesetzt. Sein gigantischer Bau wölbt sich über die Schweizer Jahre im Leben Wagners wie die Regenbogenbrücke aus dem «Rheingold».

Johannes Brahms

Johannes Brahms ist aus den verschiedensten Gründen immer wieder in die Schweiz gekommen, sei es als Reisender, als Interpret eigener Werke oder als komponierender Feriengast. Das erstemal aber kam er als Freund – er begleitete Clara Schumann, die nach dem Tod ihres Mannes auf einige Wochen in der Schweiz Erholung suchte. Mit ihnen reisten Robert Schumanns Söhne Ludwig und Ferdinand und die Schwester von Johannes Brahms, Elise. Das war im August und September 1856. Sie kamen damals nach Winterthur, Zürich und Luzern und blieben bis zum Ende des Monats in Gersau am Vierwaldstättersee. Für Johannes Brahms waren es ruhige und harmonische Wochen an der Seite der «herrlichen Frau», wie er Clara Schumann in seinen Briefen schwärmerisch nannte. Es ist denkbar, dass diese unerfüllte und idealistische Liebe des Jünglings Brahms zu der vierzehn Jahre älteren Clara Schumann der Grund für sein so hartnäckiges Junggesellendasein geworden ist.

Auch seine Musik besitzt wie keine andere die Qualitäten der beständigen und kraftvollen Gegenwart eines Freundes, sie besitzt Wärme. Es ist Musik von grosser Wahrhaftigkeit, ohne Rausch, aber voller Intensität und Tiefe. Robert Schumann hatte den jungen Komponisten 1854 in seinem Artikel «Neue Bahnen» als den Messias der Musik begrüsst und hatte mit seinen Prophezeihungen recht behalten.

Aber das erste Konzert in der Schweiz, bei dem Brahms selbst mitwirkte, fand erst neun Jahre später, am 17. Juni

1865 in Basel statt. Gespielt wurden damals seine beiden Klavierquartette g-moll und A-Dur, und das Echo auf den Abend war ausserordentlich stark. Im Herbst des gleichen Jahres hatte auch Zürich Gelegenheit, Brahms kennenzulernen, und das gleich in vier Konzerten: er war der Solist in Robert Schumanns Klavierkonzert und dirigierte seine eigene Orchesterserenade op. 11. Aus dem Manuskript spielte Brahms seine virtuosen Paganini Variationen op. 35 und das letzte Konzert brachte darüberhinaus die Uraufführung seines hochpoetischen Horntrios op. 40. Der Klang dieser Musik weckt Erinnerungen an die Poesie Eichendorffs, an «Waldeseinsamkeit», «Mondesschimmer» und die «Schöne alte Zeit», am Ende ruft gar das Posthorn zum Aufbruch in die Ferne. Und all das in dem ganz verhaltenen, keuschen Ton der frühen Romantik. Wieder war die Reaktion des Publikums sehr herzlich und der Erfolg ist der Musik von Johannes Brahms in der Deutschschweiz von Anfang an treu geblieben – vielleicht eine Wesensverwandtschaft.

Die längste Zeit, die sich Johannes Brahms vor den Thuner Sommern in der Schweiz aufgehalten hat, waren die Sommermonate 1866. Dies waren allerdings keine wirklichen Ferien – Johannes Brahms versuchte auf neutralem Boden dem drohenden Krieg zwischen Preussen und Österreich um die Führung des «Deutschen Bundes» auszuweichen. Er wohnte zunächst in Winterthur bei seinem Verleger J. M. Rieter-Biedermann, der später auch das Deutsche Requiem veröffentlichte. Rieters Familie nahm den Komponisten mit Herzlichkeit bei sich im «Schanzengraben» auf und Johannes Brahms fühlte sich in dem gepflegten Hause äusserst wohl. Bei dieser Gelegenheit brachten Frau und Tochter Rieter-Biedermann auch gleich Brahms' allzu sorglose Garderobe in Ordnung, wofür er sich später bei ihnen scherzhaft-verlegen in einem Brief bedankte. Er nutzte seine Zeit in Winterthur zu Ausflügen ins Berner Oberland und schickte Theodor Billroth begeistert gleich eine ganze Liste der Herrlichkeiten, die er gesehen hatte:

«Ich kam gestern abend von einer wunderbaren Tour zurück; gelegentlich können wir uns wohl einige Ausrufungszeichen in Worten ganz weitläufig vorplaudern, einstweilen schreibe ich einige Namen her, die ich an Ort und Stelle gelesen: Bern, Thun, Thunersee, Interlaken, Heimwehfluh, Grindelwald, Gletscher und Höhlen, Lauterbrunnen, Staubbach, morgens und abends, Mürren, über den Brünig, Selisberg samt Umgegend, Schillerstein, Axenstrasse nach Fluelen, Luzern, Zug – wer weiss, was im Augenblick alles im Gedächtnis verschwimmt! Kurz, es war herrlich, was man sah und was man nicht sah (z.B. die Engländer!) so herrlich, dass ich mir doch in Zürich ein Logis suchen werde, auf dass ich öfter und mehr sehe».

Im Juni zog er um nach Zürich und nahm sich in Fluntern am Zürichberg eine kleine Wohnung, die ihm gerade wegen ihrer Einfachheit behagte. In seiner kauzigen Art schrieb er seinen Gastgebern nach Winterthur: «Ich wohne ausserhalb Fluntern, recht hoch, desto niedriger die Zimmer – recht weite Aussicht, desto enger die Zimmer.»

Um 5 Uhr morgens begann er in seiner «Komponierhöhle» – so nannte er seine Wohnung – zu arbeiten, in der Hauptsache am Deutschen Requiem. Nach 10 Uhr unternahm er ausgedehnte Waldspaziergänge und stieg danach in der Regel hinunter nach Zürich ins Museum, pflegte seine Freundschaften und besuchte regelmässig die Theater der Stadt. Seine Gesundheit muss damals beneidenswert gewesen sein – wurde abends in der Stadt allzusehr gefeiert, übernachtete er bei seinem Freund Friedrich Hegar in der Gemeindegasse. War dessen Sofa aber bereits anderweitig vergeben, so legte sich Brahms ganz einfach zum Schlafen unter den Flügel.

Oft traf man ihn aber auch in der eleganten Atmosphäre der Villa Wesendonck, wo er sich lebhaft für alles interessierte, was ihm seine Gastgeber über Richard Wagner erzählten – kaum zehn Jahre waren seit dem Tristan Fieber vergangen.

Zu seinem Freundeskreis gehörten seit seinem Aufenthalt in Winterthur auch die Komponisten Theodor Kirchner und Hermann Goetz. Besonders wichtig aber wurde für Johannes Brahms in der Schweiz die Begegnung mit drei Männern, deren Freundschaft ihn bis an sein Lebensende begleiten sollte. Der erste war Theodor Billroth, Professor für Chirurgie an der Universität Zürich, ein Mann von grosser Kultur und passionierter Musikliebhaber – er hat uns ein sehr schönes Wort des Komponisten überliefert: «Ich dachte nur Musik. Ich bin verliebt in Musik, ich liebe die Musik. Ich denke nichts als sie und an anderes nur, wenn es mir Musik schöner macht.»

Nicht weniger wichtig wurde für Johannes Brahms die Freundschaft mit Josef Viktor Widmann, dem Redakteur vom Berner «Bund» – sie war der Grund für seine Sommeraufenthalte am Thuner See in den Jahren 1886/88. Der dritte Freund auf Lebenszeit wurde Friedrich Hegar, Chordirigent und Komponist in Zürich und häufiger Interpret der Kammermusik des Komponisten. Für Brahms war Freundschaft die ihm gemässe Lebensform; dass er sie zu pflegen wusste, erfahren wir aus seinen vielen und umfangreichen Briefwechseln.

1868 lud Johannes Brahms seinen Vater zu einer Reise in die Schweiz ein und zeigte ihm die Schönheiten des Berner Oberlandes. Besonders wichtig für die Biographie des Komponisten sind dabei zwei Details dieser Reise: Am 12. September schrieb Johannes Brahms eine Geburtstagskarte mit einem musikalischen Motiv und der Überschrift: «Also blus das Alphorn heut» an Clara Schumann und gerade dieses Motiv machte er später zu den sehnsüchtigen Übergangstakten zum Finale seiner 1. Symphonie. Wenn diese Takte das Gefühl ausdrücken, das er für Clara Schumann empfand, muss es gewaltig gross und schmerzlich gewesen sein. Auf seiner Karte aus der Gegend von Lauterbrunnen hiess es damals jedoch lediglich «hoch aufm Berg, tief im Tal, grüss ich Dich tausendmal». Dass sie nicht alles ausspricht, ist denn auch, bei aller Gefühlstiefe, einer der grossen Vorzüge der Brahmsschen Musik.

Zum andern hatte Johannes Brahms in Zürich Gelegenheit, das nachkomponierte Sopransolo des Deutschen Requiems «Ihr habt nun Traurigkeit» im alten Musiksaal beim Fraumünster mit Friedrich Hegars Chor und dem Tonhalle Orchester zu hören, ehe er es dem Verleger Rieter-Biedermann zum Druck gab. Brahms widmete es dem Andenken seiner Mutter, und es wirkt wie das Erscheinen eines Engels in dem grossen Ernst des Deutschen Requiems, so dass man sich heute das Werk ohne diese Aufhellung nicht mehr vorstellen kann.

Von Zürich aus fuhr Johannes Brahms im August 1866 nach Baden-Baden, um Clara Schumann zu besuchen. Aber schon am 16. September lud er sich und Joseph Joachim aufs Neue bei Rieter-Biedermann nach Winterthur ein: «Ich komme nun eben, ob Sie wollen oder nicht... Da nun drei Städte schon mit Joachim bedacht sind, so dächte ich, wir blieben in Winterthur und geben abwechselnd für die Synagoge, das neue Schulhaus, das Krankenhaus, die Maladen von der Grenzwache etc. Konzerte. Die resp. Stiftungen garantieren die Kosten, vom Gewinn kriegen wir jeder etwa 120%, so wird sich die Sache wohl machen.»

Zu Konzerten kam es schliesslich in Schaffhausen, Basel, Zürich, Winterthur, Aarau und Zofingen. Das Zofinger Wochenblatt warb mit folgender «Kunstnotiz»: «Joachim und Brahms, die ersten Kunstheroen der Jetztzeit, haben sich bereit gefunden, während ihres kurzen Aufenthaltes in der Schweiz auch hier ein Konzert zu geben...»

Können wir uns die Wirkung einer solchen Anzeige überhaupt noch vorstellen – in unserer Zeit, in der alle Musik durch die Schallplatte ständig verfügbar ist? Hat sich das Einmalige, das Ausserordentliche der Musik nicht verflüchtigt durch das geradezu paradiesische Überangebot an berühmten Interpreten, Originalfassungen und Originalinstrumenten? Das Authentische auf Kosten des Persönlichen, das Wiederholbare als Ersatz für den grossen, einzigen Augenblick? Aber dafür ist das Phaenomen der Musik in seiner staunenswerten Vielgestalt erkennbar geworden wie nie zuvor.

Bei dieser Reise kam es zu keinem Besuch bei Mathilde Wesendonck, aber es wurden sehr herzliche Briefe gewechselt. Sie schrieb an Johannes Brahms: «Ich möchte nicht in diesem Jahrhundert gelebt haben, ohne Sie wenigstens freundschaftlich und dringend gebeten zu haben, an unserem Herde zu rasten...» Ob Absicht oder nicht, dies klang ganz entschieden nach dem 1. Akt der «Walküre».

Richard Wagner lebte zur gleichen Zeit in Tribschen. Durch Mathilde Wesendonck hatten sich die so entgegengesetzten Welten der beiden Komponisten für einen Augenblick berührt.

Nicht nur Richard Wagner reagierte auf den Sieg von 1871 mit der Komposition seines Kaisermarsches – auch Johannes Brahms schrieb sein Triumphlied op. 55 aus dem gleichen Anlass und widmete es dem deutschen Kaiser. Ein Text aus dem 19. Kapitel der Apokalypse verdeckt allerdings den Gelegenheitscharakter des Werkes und wendet ihn ins Allgemeine. Das bei aller Kürze kolossale Werk erlebte im Sommer 1874 in Basel und Zürich seine schweizerische Erstaufführung, fand aber mit seinem grossen Pathos keine ungeteilte Zustimmung.

Der Komponist leitete das Triumphlied in Zürich selbst und wohnte während mehrerer Wochen über dem See in der Nähe des Nidelbades. Am Zürichsee entstand damals neben anderen Vokalwerken auch eine zweite Folge von Liebesliederwalzern, deren geselliger Charakter gut zu diesen heiteren Wochen passt. Brahms traf häufig mit Gottfried Keller zusammen, und man vermag sich den Dichter leichter in der Gesellschaft von Johannes Brahms als in der Richard Wagners vorzustellen. In diese Wochen fällt auch der Beginn der Freundschaft zwischen Johannes Brahms und Josef Viktor Widmann.

Von gänzlich anderem Charakter als das Triumphlied und von echt Brahmsscher Tiefe ist das Chorwerk, das im Dezember 1881 in Zürich uraufgeführt und in Basel wiederholt wurde. Josef Viktor Widmanns Besprechung der Konzerte im Berner «Bund» war von hymnischem Tonfall: «Die vorige Woche ist für die Städte Basel und Zürich eine in musikalischer Beziehung historisch wichtige gewesen... Das waren Concerte, in denen ein grosser Tonsetzer in jedem Hörer das frohe Gefühl hervorrief: wohl mir, dass ich diesen Tag erlebt und den Mann mit eigenen Augen erschaut habe, der meinen Kindeskindern dereinst ein mythischer Heros sein wird, umflossen von jenem überirdischen Lichte, in dem die Gestalten eines Bach, eines Händel, eines Beethoven so gigantisch erscheinen...!»

Was sind wir in diesem Jahrhundert karg und vorsichtig geworden mit unserem Preis und Jubel! Und wir stehen solch pathetischem Gefühlsüberschwang nicht nur amüsiert sondern auch mit der Sehnsucht nach einem naiveren, verlorenen Paradies gegenüber, aus dem Verehrung und Idealismus noch nicht durch die allwissende Analyse vertrieben waren.

Im Konzert vom 6. Dezember 1881 hatte Johannes Brahms nicht nur den Solopart seines mächtigen B-Dur Klavierkonzertes gespielt, sondern er dirigierte auch die Uraufführung seiner «Nänie» op. 82 für Chor und Orchester. Mit der Vertonung von Schillers Text: «Auch das Schöne muss sterben» gedachte er seines Freundes Anselm Feuerbach. Das tief anrührende Werk beginn mit einer weitgespannten Kantilene der Holzbläser, die vom Chor gelassen und schwebend weitergeführt wird. Unvergesslich das Rauschen der Harfenakkorde mit denen Thetis aus dem Meer aufsteigt – vollkommene Vertonung eines vollkommenen Gedichtes. Die Zürcher Zeitungen lassen in ihren begeisterten Kritiken viele von der Atmosphäre des Ausserordentlichen dieser Brahms-Konzerte ahnen.

Ein Jahr später kam es 1882 in Basel wiederum zur Uraufführung eines Werkes von Johannes Brahms, auch dies-

Felix Mendelssohn Bartholdy. Lithographie von A. Dircks nach dem Gemälde von T. Hildebrandt. Zentralbibliothek Zürich

I

Fanny Mendelssohn, gezeichnet von Wilhelm Hensel. Staatsbibliothek Preussischer Kulturbesitz, Berlin

II

Interlaken. Aquarell von Felix Mendelssohn Bartholdy, 16.7.1847
(unvollendet). Staatsbibliothek Preussischer Kulturbesitz, Berlin

Kirche Ringgenberg am Brienzersee. Anonyme, undatierte Aquatinta.
Zentralbibliothek Zürich

IV

Hotel des Bergues, Genf. Gestochen von Lukas Weber.
Zentralbibliothek Zürich

Franz Liszt. Lithographie von Josef Kriehuber, 1846.
Zentralbibliothek Zürich

Marie d'Agoult. Nach dem Bild von H. Lehmann gezeichnet und gestochen von P. G. Metzmacher, 1849. Zentralbibliothek Zürich

George Sand. Gezeichnet und gestochen von Luigi Calamatta, 1840.
Zentralbibliothek Zürich

Richard Wagner. Nach dem Gemälde von Clementine Stockar-Escher lithographiert von F. Hanfstaengl. Zentralbibliothek Zürich

Hotel Baur au Lac. Gezeichnet und gestochen von I. Siegfried, ca. 1848.
Zentralbibliothek Zürich

Mathilde Wesendonck mit ihrem Sohn Guido im Dezember 1856.
Pastellbild von Ernst Benedikt Kietz. Richard-Wagner-Museum, Tribschen

Villa Wesendonck (heute Museum Rietberg). Zeitgenössische
Photographie von J. Keller. Zentralbibliothek Zürich

Luzern. Lithographie von J. Jacottet. Zentralbibliothek Zürich

Richard Wagner mit Cosima. Photographie von Fritz Luckhardt.
Nationalarchiv der Richard-Wagner-Stiftung, Bayreuth

Johannes Brahms. Gezeichnet und gestochen von R. Leemann, 1862.
Zentralbibliothek Zürich

Josef Victor Widmann. Anonymer Holzstich, 1891.
Zentralbibliothek Zürich

Clara Schumann. Kohlezeichnung von Eduard Bendemann, 1859.
Robert-Schumann-Haus, Zwickau

Johannes Brahms. Altersbild. Stich von R. Leemann, mit Widmung von Brahms. Zentralbibliothek Zürich

Brahms als Wanderer. Gemälde von Willy von Beckerath, 1928, Hamburger Kunsthalle

Richard Strauss liest Goethe

Richard Strauss, Altersporträt

XXI

Richard Strauss mit Willi Schuh

Parkhotel Vitznau. Postkarte (Poststempel: 9.6.1908).
Zentralbibliothek Zürich

Abbildung oben: Bela Bartok
Abbildung rechts: Stefi Geyer. Undatierte, anonyme Photographie.
Zentralbibliothek Zürich

XXV

Igor Strawinsky. Gemälde von Jacques-Emile Blanche, 1915. Musée d'Orsay, Paris

XXVI

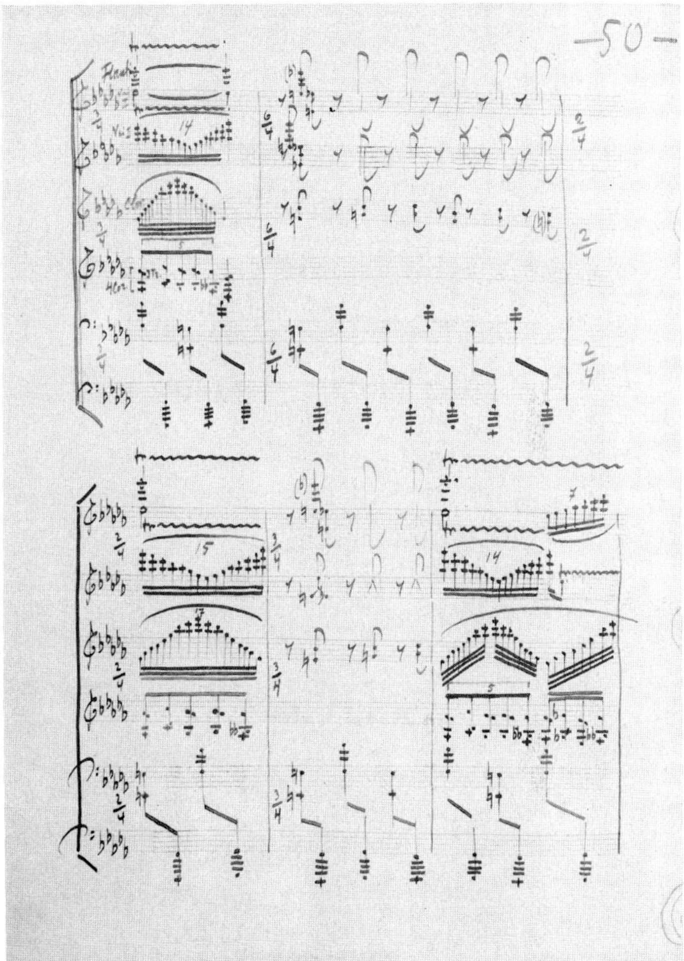

Igor Strawinsky, «Glorification de l'élue», aus: «Sacre du Printemps»
Partitur, Sammlung Paul Sacher, Basel

Strawinsky und Ramuz. Undatierte Photographie, Zentralbibliothek Zürich

René Auberjonois, Esquisse pour l'hommage à Madame Pitoeff, 1924. Das Bild zeigt Georges Pitoelt, Ernest Ansermet, Igor Strawinsky, C.F. Ramuz und Ludmilla Pitoelt. Kunstmuseum Basel

Hindemith als Dirigent in Prag, 1961.

Von Hindemith bemaltes Wandkästchen in der Laube seines Hauses am Genfer See.

Paul Hindemith bei seinem letzten Konzert mit den Wiener Philharmonikern am 10. November 1963.

mal war es ein Chorwerk: der «Gesang der Parzen», op. 89 auf einen Text von J. W. v. Goethe, und wieder dirigierte der Komponist selbst. Der Gesang der Parzen ist das dunkle Gegenstück zur Nänie, dissonanter und von grosser Dramatik. Beide Werke stehen in der Nachfolge des «Deutschen Requiems» und gehören zu den bedeutendsten Chorwerken des 19. Jahrhunderts, ohne Liedertafelton und treuherzige Sentimentalitäten. Sie besitzen den für Johannes Brahms so eigentümlichen Samtklang, in dem Chor und Orchester aufs innigste verschmelzen.

Beide Gedichte der Weimarer Klassik sind von hellenistischem Geist; wäre nicht in dieser Richtung der von Brahms gesuchte Opernstoff zu suchen gewesen – am Ende gar Goethes Iphigenie?

Es war Brahms zur Gewohnheit geworden, Wien im Frühsommer zu verlassen und den Sommer auf dem Lande zu verbringen. 1886 vertauschte er Oesterreich mit der Schweiz und logierte sich in Hofstetten am Thuner See ein. Ihm war wohl am Thuner See, so wohl, dass er auch die folgenden zwei Sommer dort verbrachte.

Es gab verschiedene Gründe für dieses Wohlsein. Brahms hatte eine Wohnung gefunden, die ihm sofort zusagte, im ersten Stock eines kleinen Hauses an der Aare, mit herrlichem Blick auf die Alpen des Berner Oberlandes. Da war die Nähe Berns, wo sein Freund Viktor Widmann wohnte – was letzten Endes den Ausschlag für die Wahl des Thuner Sees gegeben hatte, und da war der unerschöpfliche Reichtum an Wanderwegen für den leidenschaftlichen Spaziergänger Brahms. Es gab gemütliche Esslokale und im nahen Thun sogar Biergärten und ein Kurorchester, wenn er die Einsamkeit satt hatte und keine durchreisenden Freunde verfügbar waren.

Durch Viktor Widmann und den Bratscher des Casino-Orchesters, Künzelmann, wissen wir, wie Brahms während seines Schweizer Aufenthaltes gelebt hat. Denkbar einfach. Er stand früh auf und ging zeitig schlafen – komponierte er nicht, so hielt er sich im Garten auf, der das Haus umgab, und las. War das Wetter günstig, machte er Ausflüge in die Umgebung – nach Kandersteg, Mürren, Oeschinensee oder auf die Hänge des Niesen. Brahms war damals 53 Jahre alt, wirkte aber durch den verfremdenden Vollbart wesentlich älter. Grössere Touren ins Gebirge unternahm er mit dem um einige Jahre jüngeren Freund Viktor Widmann, der seit 1880 Feuilletonchef beim Berner «Bund» war. Bisweilen verfluchte er allerdings derart anstrengende Unternehmungen seiner beginnenden Korpulenz wegen.

Einmal, auf dem Weg von Mürren nach Gimmelwald sagte Widmann im Angesicht der Berge, etwas derartiges lasse sich nicht durch Poesie noch durch die Kunst überhaupt darstellen. Brahms meinte: «Sie sind doch der gröbste Mensch, der mir je vorgekommen ist. Jeder andere hätte gesagt, das ist wie in Ihrer 3. Symphonie, oder etwas ähnliches». Als sie später Rast machten, sagte Brahms plötzlich: «Wir gefallen mir, vielleicht kann man so nicht sagen, aber besinnen Sie sich nur, es ist ganz korrekt – wir gefallen mir». Ein Scherz, gewiss, aber mit tieferer Bedeutung für den Menschen Brahms.

Die schöpferische Ernte dieses ersten Thuner Sommers war auch für einen Geist wie Johannes Brahms völlig ungewöhnlich; es entstanden hintereinander die drei grossen Kammermusikwerke:

op. 99, die 2. Cellosonate in F-Dur mit einem stürmisch bewegten Kopfsatz von grosser Gefühlsintensität, mit seltsamen Ruhepausen, als schaue man auf den Grund eines Sees, und einem Adagio affettuoso der weiten Kantilenen und geisterhaften Pizzicati.

op. 100, die 2. Violinsonate in A-Dur, ein vollkommen gelöstes Stück voll Glück und Sommer. Der Name «Thuner Sonate» stammt von Viktor Widmann, der auch, im Stile der Zeit, ein Gedicht auf sie schrieb, das Brahms gefallen haben muss, denn er bat gegen Ende seines Lebens Widmann um mehrere Exemplare des Textes.

Es beginnt:

«Dort wo die Aare sanft dem See entgleitet
zur kleinen Stadt, die sie umspült,
und Schatten mancher gute Baum verbreitet,
hatte ich mich tief ins hohe Gras gewühlt.
Und schlief und träumt am hellen Sommertag
so köstlich wie ich kaum es künden mag.»

op. 101, das 3. Klaviertrio in c-Moll.

Das gewaltige Werk ist ausserordentlich konzentriert – es ist das kürzeste der drei Klaviertrios und hat doch die stärkste Aussagekraft. Das Werk wurde denn auch bei seiner Uraufführung am 26. Februar 1887 in Wien von den engsten Freunden begeistert aufgenommen. Clara Schumann schrieb in ihr Tagebuch: «Nie hat mich ein Werk von Johannes stärker berührt.»

Brahms' Bedürfnis nach Geselligkeit war vielleicht durch die ungewöhnliche Entladung schöpferischer Energien grösser als sonst – oder aber, er war mit seinem Freund Widmann und dessen Familie ganz einfach besonders gern beisammen. Fast jeden Samstag stellte er sich in Bern ein, meistens schleppte er eine lederne Reisetasche voll ausgeliehener Bücher mit sich, die er gegen neue umtauschte – Geschichtswerke und Reisebeschreibungen. Aber Brahms las auch die Gedichte und Romane von Gottfried Keller. Meist machte er keine Umstände und erschien in legerer Sommerkleidung und ohne Krawatte.

«Seine Besuche am Wochenende», schreibt Widmann, «waren für mich und die Meinen ein Fest und eine Freude, aber keine Ruhetage, weil sein Geist, ständig in Bewegung, von denen, die ihn umgaben, die gleiche Aktivität erforderte.» Brahms interessierte sich schlechthin für alles, von der Elektrizität bis zum Phonographen von Edison. Nur eine neue Erfindung war ihm absolut zuwider, das lautlos daherkommende Fahrrad, das ihn auf seinen Spaziergängen durch plötzliches Klingeln aus seinen Gedanken aufschreckte, wenn er im Gehen skizzierte, entwarf und komponierte.

Bei der Familie Widmann machte man sonntags viel Musik – Brahms war bester Laune und liess sich nicht lange ans Klavier bitten. Er spielte zwar wenig von sich selbst, aber dafür um so mehr von Bach, Schubert und Schumann für seine Gastgeber und deren Freunde. Zum Kehraus vertauschte Brahms oft die Klassiker mit Walzern von Johann Strauss. Die eigentliche Uraufführung der drei Thuner Kammermusikwerke aus dem Manuskript fand im Hause Widmann statt, wobei die Brüder Hegar aus Zürich den Violin- und Cellopart übernahmen. Das entschädigte reichlich für die Enthaltsamkeit, die sich Brahms sonst seinen eigenen Kompositionen gegenüber auferlegte.

Neben den Kammermusikwerken entstanden viele der berühmtesten Lieder aus op. 105–107, darunter «Komm bald», «Wie Melodien» und das unvergleichliche «Immer leiser wird mein Schlummer». Aber mit den Liedern hatte es seine eigene Bewandtnis. Theodor Billroth schrieb an

Brahms: «Du hast mir eine grosse Freude durch die Zusendung Deiner Lieder gemacht... Mir scheint, es steckt etwas dahinter – umso besser. Umsonst wählt man solche Texte nicht, um eben wieder einmal aus Gewohnheit zu komponieren. Desto herrlicher für Dich! Und für uns!»

Es steckte etwas dahinter. Die junge Frau hiess Hermine Spies, war Altistin, und Brahms hatte sie bei einem Musikfest in Koblenz kennengelernt, wo sie den Solopart in seiner Altrhapsodie sang. Brahms liebte – aus der Ferne zwar, aber er liebte. Sie selbst schreibt 1887 an Klaus Groth, den Dichter der Lieder: «Das ist ein Kerl, der Brahms, ich war wieder ganz überwältigt, begeistert, hingerissen und kopflos. Und lieb war er, in recht sommerlicher, heiterer, junger Stimmung...»

Auf seiner Rückreise von Italien im Frühling 1887 kam Johannes Brahms, bevor er sich zum zweitenmal in Thun für den Sommer einrichtete, nach Zürich und lernte Arnold Böcklin in seinem Atelier in Hottingen kennen. Ohne Parallelen forcieren zu wollen, eine gewisse Vorliebe für die schweren dunklen Farbtöne Böcklins hat auch die Musik von Johannes Brahms. Darauf beschränken sich allerdings die Gemeinsamkeiten.

Wie der vorausgehende, so gestaltete sich auch der Sommer 1887. Nur war er verregnet und kalt. Brahms besuchte Frau Widmann in Merligen und schrieb an ihren Mann, der in Bern unabkömmlich war: «Ich nehme an, Sie werden morgen mit einem Photographen nach Merligen fahren, um Gruppenbilder der Erfrorenen zu machen. Die Gemütsbewegung wird stark sein, aber vielleicht sehe ich zu...»

Brahms nahm das gewohnte Leben wieder auf, verbrachte viel Zeit allein und fuhr zum Wochenende nach Bern.

Durch ausführliche Briefe lockte er viele seiner Freunde nach Hofstetten. Auch Hermine Spies kam zweimal mit ihrer Schwester und sang, von Brahms begleitet, bei Widmann ein reiches Schumann-Brahms-Programm, darunter die neuesten Lieder. Aber Brahms liess es auch diesmal bei einer distanzierten Schwärmerei bewenden und erklärte sich nicht.

Während dieser Sommermonate trafen Brahms und Widmann – so berichtet dessen Sohn Fritz – an einem ausnahmsweise einmal wunderschönen Sommermorgen in Merligen auf Ferdinand Hodler. Brahms hatte sofort einen Blick für das Ungewöhnliche dieses Mannes. Von ihm besitzen wir ein sehr starkes Portrait Widmanns im Berner Kunstmuseum – welch ein Jammer, dass er nicht auch Johannes Brahms gemalt hat.

Unter den Besuchern dieses Sommers waren Klaus Groth und Gottfried Keller, seine bevorzugten Dichter, und die Getreuen Hanslick und Kalbeck aus Wien. Brahms war trotz seines Junggesellendaseins alles andere als ein Einzelgänger. Sein Freundeskreis war sehr gross, und er stand mit erstaunlich vielen Künstlerpersönlichkeiten seiner Zeit in Verbindung. Mit Malern wie Anselm Feuerbach, Adolf von Menzel und Max Klinger, der für ihn die 40 Blätter seiner Brahms-Phantasie geschaffen hat. Mit Schriftstellern wie Gottfried Keller, Paul Heyse und Iwan Turgeniew. Und mit fast allen Komponisten und Musikern seiner Zeit: mit Robert und Clara Schumann, Franz Liszt, Antonin Dvorak und selbst noch mit Gustav Mahler und Richard Strauss.

Verschiedene Werke waren auch in diesem Sommer im Entstehen: die dritte Violinsonate op. 108, die erst im nächsten Jahr fertig wurde, die Zigeunerlieder op. 103 – vor allem aber das nicht ohne weiteres zugängliche Doppelkonzert a-moll op. 102 für Violine und Cello, das ausschliesslich am Thuner See geschrieben wurde. Es ist ein herbes Werk, zerklüftet und grossartig, und im Kopfsatz von kaum gemeisterter Spannung. Auffällig ist, dass Brahms die beiden Soloinstrumente auf eine Weise einsetzt, dass oft der Eindruck *eines* überdimensionalen Instrumentes entsteht.

Musikrezeption ist etwas unendlich Persönliches, und daher sollte man mit Deutungen absoluter Musik sehr vorsichtig sein. Und doch ist es vielleicht nicht abwegig, in dem Dualismus von abweisender Grösse des Allegro und der milden Wärme des Andante ein Charakterbild zu sehen, das auch der Schweizer Landschaft entspricht.

Clara Schumann nannte es das «Versöhnungswerk», denn das Doppelkonzert stellte endlich die Beziehung zwischen Brahms und Joachim wieder her. Johannes Brahms war ein Genie der Freundschaft, aber kein Mann der Konventionen, und verwechselte leicht Ehrlichkeit mit Grobheit. Darunter hatten alle seine Freundschaften immer wieder zu leiden. Er hatte in der Scheidungsangelegenheit Joachims mit der ihm eigenen Offenheit für dessen Frau Amalie Partei ergriffen und dadurch den Freund vor den Kopf gestossen. Das Werk war sicher in Gedanken an Joachim entstanden und war ein Versuch, ihrer Freundschaft das ursprüngliche Vertrauensverhältnis zurückzugeben.

«In aller Herzlichkeit und Freundlichkeit» fragte er Joachim an, ob er sich für die entstehende Komposition interessiere. Schriebe er ihm nur eine Karte «Ich verzichte», so wisse er genug – andernfalls fingen die Fragen an. Joachim verzichtete nicht, und Brahms fing an zu fragen. Joachim war schon im Falle des Violinkonzerts Brahms' Berater in geigentechnischen Fragen gewesen. Es begann aufs neue eine Korrespondenz, aus der sich ergibt, dass das Werk schon früh im Sommer abgeschlossen wurde.

Die Freunde verabredeten sich nun für den 21. September in Baden-Baden, wohin Joachim auch den Cellisten Hausmann eingeladen hatte. Im «Deutschen Haus» erwartete sie Clara Schumann, und in ihrer Wohnung kam es zu einem ersten Probespiel. Zwei Tage später konnte Brahms das neue Werk im Saal Louis XV ausprobieren – ebenfalls privatim. Er war zufrieden, auch der zweite Thuner Sommer hatte sich als ausserordentlich inspirierend erwiesen, und das positive Echo der Freunde machte ihn glücklich.

Der dritte Thuner Sommer 1888 schien sich zunächst genauso angenehm anzulassen wie die beiden vorausgegangenen. Klaus Groth, der Textdichter vieler Lieder des Komponisten, wohnte im Thuner Hof und machte mit Brahms Ausflüge. Er erinnert sich, dass ihm der Komponist bewegt das kleine Haus auf der Insel in der Aare gezeigt habe, in dem Heinrich v. Kleist gelebt hatte.

Dann aber gerieten die Freunde Widmann und Brahms in einer politischen Debatte aneinander. Es ging um eine besonders martialische Rede des deutschen Kaisers, gegen die Widmann in einem Artikel im Berner «Bund» sehr energisch Stellung bezogen hatte, und keiner wollte von seiner Meinung abweichen. Gottfried Keller versuchte zu erklären, zu vermitteln, und schliesslich kam es doch zu einer Versöhnung. Brahms beendete die Fest- und Gedenksprüche op. 104 und 109 und seine dritte Violinsonate op. 108, ein leidenschaftliches und heftiges Stück, völlig entgegengesetzt der Idyllik der beiden früheren Violinsonaten, aber von grossem Wohllaut auch sie. Quantitativ ein schmalerer Ertrag. Vielleicht war er enttäuscht von diesem Sommer.

Wieder zu Hause, schrieb er jedoch an Widmann: «Nun danke ich aber herzlich für die liebe Erinnerung an die schönen Sommertage. Die Menschen sind doch schliesslich immer die Hauptsache; wenn ich an das herrliche Thun denke – die Erinnerung an Sie ist doch das Liebste, das Wertvollste, das Erwärmendste.»

Auf die Thuner Sommer folgten die Sommer von Ischl. Umsonst hatte man Johannes Brahms immer wieder zu Konzerten in die Schweiz eingeladen. Zur Einweihung der Neuen Tonhalle in Zürich vom 19. bis 22. Oktober 1895 aber kam er mit Freuden. Und wie beim Tonkünstlerfest von 1874 dirigierte er sein Triumphlied, das im Eröffnungsprogramm der Neunten Symphonie von Beethoven voranging. Schaute er beim Dirigieren empor zur Decke, sah er sich dort an der Seite von Beethoven und Richard Wagner dargestellt. Er war bei Friedrich Hegar zu Gast, und dort wohnte während dieser Tage auch J. Viktor Widmann, mit dem der freundschaftliche Kontakt seit den Thuner Sommern nicht abgebrochen war. Zweimal waren die beiden Kunstbegeisterten seitdem zusammen in Italien gewesen.

Bei einer Kammermusikmatinée im prachtvollen Haus des kunstliebenden Robert Salzmann wurde Brahms' Klavierquintett op. 34 in f-moll gespielt. Proben, Konzerte und Feiern aller Art – Brahms war unermüdlich und genoss seine Popularität. Mit der Einweihung des neuen Konzertsaals feierte die Stadt sich selbst und Brahms dazu – eine Geselligkeit ganz nach seinem Herzen, für den die Einbeziehung des Künstlers in die bürgerliche Gemeinschaft immer ein Bedürfnis gewesen ist.

Im nachhinein will es scheinen, als habe er sich in Vorahnung seines Todes so robust in den Trubel gestürzt. Aber nichts in seiner Korrespondenz lässt darauf schliessen. J. Viktor Widmann allerdings erinnert sich, dass Brahms beim Abschied einen Band mit Gedichten von Hölty in der Hand hielt, der bei dem Gedicht «Auftrag» aufgeschlagen war. Dort heisst es:

«Ihr Freunde, hänget wann ich gestorben bin,
die kleine Harfe hinter dem Altar auf».

In der Zeit darauf entstanden auch die «Vier Ernsten Gesänge». Ihr grosses und ausschliessliches Thema ist der Tod, aber das letzte der Lieder endet tröstlich und bestärkend: in einem grossen und hymnischen Aufschwung schliesst es mit den Worten: «Nun aber bleibet Glaube, Hoffnung, Liebe, diese drei, aber die Liebe ist die grösste unter ihnen.»

In Bonn starb im folgenden Mai 1896 Clara Schumann. Zusammen mit Robert Schumann hatte sie für Johannes Brahms, wie er noch am Ende sagte, das ihn prägende Menschenbild verkörpert. Die «Vier Ernsten Gesänge» waren eine würdige Feier für die grosse Freundin und ihre lebenslange, wechselvolle Freundschaft. Zu ihrer Beerdigung jedoch kam Brahms zu spät – er hatte sich aus Trauer und Zerstreutheit im Zuge geirrt.

Richard Strauss

Das lange und weitausschwingende Thema der Streicher über dem ruhenden Bass des Liedes «Im Abendrot», das den Schluss der «Vier letzten Lieder» von Richard Strauss bildet, gleicht in seiner Unendlichkeit der Kette der Savoyardischen Alpen über dem Genfer See, auf die der 84-jährige Komponist geblickt haben mag, als er im Palace Hotel in Montreux dieses Lied niederschrieb.

Es wurde als erstes der «Vier letzten Lieder» im Mai 1948 beendet. «Frühling» und «Beim Schlafengehen» entstanden im folgenden Juli und August in der ebenso unvergleichlichen Landschaft des Oberengadin, in Pontresina. «September» wurde wiederum am Genfer See komponiert, und zwar tatsächlich im Monat September. Die letzten, von Richard Strauss vertonten Worte von Hermann Hesse lauten: «Langsam tut er die müdgewordnen Augen zu». Bei so vielen Zufällen möchte man nicht von Zerfall sprechen. Der greise Komponist hat sein letztes Werk nicht mehr gehört, denn uraufgeführt wurde es erst am 22. Mai 1950 unter Wilhelm Furtwänglers Leitung in London, mit Kirsten Flagstadt als Solistin. Richard Strauss war am 8. September 1949 in Garmisch gestorben.

Die «Vier letzten Lieder» sind seitdem zum letzten weltweiten Erfolg der Musik geworden, ebenso geliebt von allen grossen Sängerinnen und Dirigenten wie vom Publikum. Und dies ohne die geringste Konzession – sie sind von der Art, bei der sich die Frage, ob eine Musik modern ist oder nicht, gar nicht erst stellt.

Das Werk trägt das Signum des Aussergewöhnlichen und Einzigartigen. Es ist nicht nur das letzte vollendete Werk von Richard Strauss – sieht man von dem Lied «Malven» ab, einem Albumblatt für die geliebte Maria Jeritza –, sondern es ist auch das Ende einer Epoche, ein Werk des Abschieds. Das Abendrot fällt auf eine Landschaft der gedämpften Töne. Und daher erscheint der nicht mehr von Richard Strauss sondern von seinem Verleger Dr. Erwin Roth gewählte Titel in zweifacher Hinsicht beziehungsreich und richtig. Das Werk zeigt Richard Strauss auf der Höhe der Inspiration, wie auch die 1945 entstandenen «Metamorphosen», denen es Geiste verwandt ist, deren Schwermut und Trauer es jedoch überwindet.

Richard Strauss war 84 Jahre alt, als er die «Vier letzten Lieder» schrieb, und seine Stellung in der Musik des 20. Jahrhunderts lässt sich zu diesem Zeitpunkt nur mit der des alten Goethe im frühen 19. Jahrhundert vergleichen, der im Strom der jungen, vorwärtsdrängenden Romantik Wilhelm Meisters Wanderjahre und den 2. Teil des Faust schrieb – unbeirrbar und sicher der Botschaft und Aussagekraft seiner Gedanken und seiner klassischen Sprache.

Der Komponist so entgegengesetzter Werke wie der «Salome» und des «Rosenkavalier», der «Elektra» und der «Ariadne», der «Frau ohne Schatten» und des «Capriccio», war in dem unerhörten Spektrum seiner Möglichkeiten ein Phänomen. Dass das Genie hier in der Gestalt eines Grandseigneurs auftrat, machte das Phänomen nur um so rätselhafter – auch hier eine Parallele zu Goethe.

Richard Strauss schrieb die «Vier letzten Lieder» als Zeitgenosse von Igor Strawinsky, Paul Hindemith und Arnold Schoenberg, während Alban Berg und Bela Bartok bereits nicht mehr lebten. Goethe und Richard Strauss hatten die Berechtigung zu so viel Unbeirrbarkeit, denn ihre kreative Eigenständigkeit war gross und einzigartig, was weder die Bedeutung und Phantasie der jungen Romantiker noch die Kühnheit und Originalität der musikalischen Moderne schmälert.

Mit Ausnahme des «Frühling» kreisen die Texte von Hermann Hesse und Joseph von Eichendorff um Schlaf und Tod. Aber die Musik ist keine Musik des Todes, denn sie führt über diesen hinaus – sie ist grosse Musik der Transzendenz. Am Ende des Liedes «Im Abendrot» zitiert Richard Strauss das Hornthema aus «Tod und Verklärung» von 1888 – der Kreis hatte sich geschlossen.

Die Orchestrierung ist meisterhaft und bei allem Straussschen Zauber bar aller Äusserlichkeit. Diese orchestrale Zurückhaltung ist Ausdrucksmittel und steht für die Wesentlichkeit dieser Musik und ihrer Aussage.

Richard Strauss sagte einmal von seinen Spätwerken, sie seien «aus Arkadien», und traf damit sehr gut den bukolischen Charakter dieser Werke. Das hochbetagte Ehepaar Strauss, Pauline de Ahna war noch etwas älter als ihr Mann, wird die Schweiz nach dem verwüsteten Deutschland auch als eine Art Arkadien empfunden haben. Ihre weitläufige Villa in Garmisch aus der Zeit des Jugendstils war zwar vom Krieg verschont geblieben, aber die Lebensumstände waren chaotisch, und so hatten sich die beiden alten Menschen auf Anraten ihrer Freunde im Oktober 1945 auf die Reise in die benachbarte Schweiz begeben. Auch in Garmisch hatten sie im Angesicht der Alpen gelebt, sie blieben mit dieser Reise also im Gewohnten.

Zunächst lebten sie einige Monate im Verenahof in Baden bei Zürich, wo Richard Strauss sein Konzert für Oboe und kleines Orchester beendete und orchestrierte. Weitere Stationen ihres Hotellebens waren Lausanne-Ouchy, Vitznau, Lugano und Pontresina – Orte, die Richard Strauss schon von früheren Besuchen bekannt waren. Aber die Schweiz war nicht nur ein Ferienland für ihn gewesen, häufig hatte der Komponist seine Opern und symphonischen Dichtungen auch selbst in der Schweiz dirigiert. 1947 liess er sich endgültig in Montreux nieder, im gelegentlichen Wechsel mit Aufenthalten in Pontresina.

Als Richard Strauss Deutschland im Herbst 1945 verliess, sah er sich anfangs auch in der Schweiz der Polemik der Presse ausgesetzt. Er war entsetzt über Fehlinformationen und Entstellung von Tatsachen.

Musik ist, allein schon durch ihre Materie, eine realitätsferne Kunst und lässt sich, im Gegensatz zur Literatur, nur schwer politisieren. Thomas Mann nannte sie denn auch im Zauberberg «politisch verdächtig» und schalt sie «das Halbartikulierte, das Zweifelhafte, das Unverantwortliche, das Indifferente». Aber der sie da so schnöde verlästert, war ihr selbst – und besonders der Musik Richard Wagners – leidenschaftlich zugetan.

Für Beethoven dagegen war Musik «höher als alle Vernunft» und er bescheinigte ihr damit einen Ausnahmestatus. Hundert Jahre liegen zwischen diesen beiden Definitionen, und den Worten eines grossen Schriftstellers steht das Glaubensbekenntnis eines grossen Komponisten gegenüber.

Musiker eignen sich ihrer grossen Emotionalität wegen nur sehr schlecht zur Politik und versuchen sich daher, sofern das möglich ist, von der Politik fernzuhalten. Auch Richard Strauss war ein unpolitischer Mensch. Als er 1945 in die Schweiz kam, musste er erfahren, wie gefährlich und missverständlich eine solche Haltung in einer Zeit sein konnte, in der es eine neutrale Haltung einfach nicht gab. Kein Wunder also, dass auch die Reaktion der Schweizer Presse bei seiner Einreise wenig freundlich war. Von dem Repräsentanten der deutschen Musik wäre einem eine so demonstrative Stellungnahme wie die von Thomas Mann lieber gewesen.

Er hat sehr schwer unter den Vorwürfen, die man ihm machte, gelitten, um so mehr, als er in Deutschland während der vergangenen Jahre nur noch wegen seines Weltruhms geduldet worden war. Seine Einstellung dem Regime gegenüber war den Nationalsozialisten bereits seit seinem mutigen Eintreten für den Namen Stefan Zweigs bei der Uraufführung der «Schweigsamen Frau» 1935 bekannt. So gesehen war auch seine Beschäftigung mit den «Wort oder Ton»-Diskussionen seiner letzten Oper Capriccio eine innere Emigration gewesen.

Die Militärregierung in Deutschland unterzog auch Richard Strauss einem Entnazifizierungsverfahren und liess ihn bis 1948 auf den Bescheid der Spruchkammer warten. Er erhielt ihn noch in Montreux, er lautete: Nicht schuldig.

Die grosse Ruhe und Zurückgezogenheit in der Schweiz empfand er, wie auch die Annehmlichkeiten und die Schönheit der Umgebung dankbar und glücklich. Aber der so ungeheuer Erfolgreiche und im Goetheschen Sinne stets tätige Mann hat sie auch als Isolierung empfunden. Doch trotz

Trauer, Abwehrstellung und Depression siegte immer wieder seine positive Natur.

Im Mai 1947 schrieb er an Willi Schuh: «Sie haben recht, ich bin ein Optimist, aber solche Schafsköpfe schreiben den Nibelungen-Ring – und schliesslich in gebührendem Abstand die Salome und die Frau ohne Schatten. Der brave Schubert hatte sogar die Frechheit zu verlangen: «Unsereins sollte auf Staatskosten erhalten werden.»

Zwei Werke waren noch in Deutschland entstanden und wurden nun in der Schweiz uraufgeführt, als erstes die «Metamorphosen», Studie für 23 Streicher.

Von Paul Sacher hatte Richard Strauss 1944 einen Kompositionsauftrag für ein Werk für Streichorchester erhalten. Dem Auftrag war eine Besprechung zwischen Paul Sacher, Karl Böhm, dem Widmungsträger der Daphne, und dem Straussbiographen Willi Schuh im Waldhaus in Sils Maria vorausgegangen. Aber dies war nur der äussere Anlass für die «Metamorphosen», denn schon ein Skizzenblatt von 1943 mit einem Thema des späteren Werkes trägt den Vermerk «Trauer um München».

Richard Strauss erlebte als 80jähriger wie das Nationaltheater München in Trümmer sank, und sah ein Jahr später die Zerstörung der Semperoper Dresden – der Uraufführungsstätte vieler seiner Opern –, der Staatsoper Wien und des Goethehauses in Frankfurt. Er war verzweifelt, wie vor ihm sein Bruder im Geiste, Hugo von Hofmannsthal, beim Ende der Donaumonarchie: das alte Europa gab es nicht mehr.

Auch in einem früheren Werk von Richard Strauss, seiner Oper «Daphne», ging es um eine Metamorphose. Nun hatte sich der Komponist noch einmal dem Thema zugewandt, das ihm als Prinzip allen Lebens so teuer war, diesmal aber in abstrakter Form, in einer Studie für 23 Streicher.

Das Werk ist in seinem Reichtum der harmonischen und melodischen Erfindung ein Kompendium aller Vorzüge der Straussschen Musik. Die Metamorphosen sind keine Variationen, sondern die Musik des 25minütigen Stückes wächst aus einer einzigen thematischen Zelle hervor, sich ständig aufs neue inspirierend und immer stärker belebend, bis sie sich in einem alles befreienden Elan gänzlich vom Boden hebt. Goethe nennt die Metamorphose «Gestaltung, Umgestaltung, des ewgen Seins ewige Unterhaltung» – bei dem greisen Richard Strauss wurde sie zu einem Beispiel bewältigter Trauer und einem ergreifenden Bekenntnis zum Leben.

Richard Strauss übernahm während der Generalprobe zeitweise den Taktstock und war bei der Uraufführung des Werkes am 25. Januar 1946 in Zürich anwesend. Er widmete die Partitur, entzückt von der Qualität der Wiedergabe, Paul Sacher und dem Basler Kammerorchester.

Das zweite, noch in Deutschland entstandene Werk ist die 2. Sonatine für 16 Blasinstrumente mit dem Titel «Fröhliche Werkstatt». Es ist weit entfernt von der tiefen biographischen Aussage der Metamorphosen, vielmehr anspruchsvollste Unterhaltung aus dem Geiste der Bläserserenaden Mozarts. Mit seiner Dauer von 40 Minuten ist es für ein Werk dieser Besetzung allerdings überlang, und man bedauert fast, dass es Richard Strauss nicht mit dem 4. Satz bewenden liess, den er im Januar 1944 zuerst komponierte und dem er den Titel «Einleitung und Allegro» gegeben hatte. Höchst merkwürdig sind die drohenden Zitate aus der Götterdämmerung in der sonst so heiteren Atmosphäre. Erinnern sie an die «Endzeit» des 2. Weltkrieges, in der das Werk entstand? Es wurde von Hermann Scherchen am 25. März 1946 in Winterthur aus dem Manuskript uraufgeführt, das seitdem zu den Schätzen der Rychenberg Stiftung Werner Reinharts gehört.

Willi Schuh, der bedeutende Musikkritiker der «Neuen Zürcher Zeitung» war während der vier Jahre in der Schweiz der Mensch, der Richard Strauss am nächsten stand. Er war ihm inspirierender Gesprächspartner und loyaler Freund. Ihr Briefwechsel ist ein hochinteressantes und in seiner Aufrichtigkeit bewegendes Zeugnis dieser Jahre. Schuh hatte auch den Mut, die Neue Musik gegen die Ablehnung des Komponisten zu verteidigen, und zweimal kam es deswegen in Montreux zu heftigen Meinungsverschiedenheiten. Schuh wies darauf hin, dass er, Richard Strauss, 1904 geschrieben habe: «Wir wollen über der Liebe und Bewunderung, die wir den verewigten und schon vollendeten Meistern zollen, nicht vergessen, dass auch die Kunst denselben Gesetzen unterliegt wie das immer neu sich gestaltende Leben». – Die darauffolgenden Briefe Schuhs versöhnten den alten Herrn zwar wieder durch ihre Logik und ihre freundschaftliche Wärme, vermochten ihn aber nicht zu überzeugen.

Es ist etwas zutiefst Tragisches um alle Zeitgenossenschaft – es will uns heute unbegreiflich erscheinen, dass Goethe das Genie Hölderlins und Kleists nicht erkannte, dass Wagner taub war für die Grösse von Brahms, Brahms für die Bruckners. Ist es instinktive Abwehr des kreativen Menschen, das Ureigenste nicht fremdem Einfluss auszusetzen?

Schuh hielt Richard Strauss für den grössten lebenden Komponisten, was ihn aber nicht hinderte, sich auch für Igor Strawinsky, Paul Hindemith und Frank Martin zu interessieren, was, wie er schrieb, schon rein fachlich seine Pflicht war.

Er war unermüdlich im Aufspüren schwer zugänglicher Literatur und der von Richard Strauss gewünschten Bücher, wobei es sich hauptsächlich um kulturgeschichtliche und biographische Werke handelte. Zu ihnen gehörten auch die Werke von Josef Viktor Widmann, dem Freund von Johannes Brahms. Dass sich der alte Herr darüberhinaus bei der Leihbibliothek des Kaufhauses Jelmoli in Zürich abonnierte, sei als Kuriosum der Nachkriegsjahre angeführt.

Bisweilen unterbrach Richard Strauss jedoch die Zurückgezogenheit von Montreux und besuchte Aufführungen der «Ariadne» und der «Arabella» in Zürich mit Maria Cebotari oder der «Salome» in Bern mit Inge Borkh, die er in einem Brief an den Freund Schuh eine «freudige Überraschung» nannte. Oder er fuhr nach Basel, um Elsa Cavelti im «Rosenkavalier» zu hören. An seinem 83. Geburtstag dirigierte er sogar ein von Othmar Nussio vorbereitetes Konzert mit eigenen Werken mit dem Orchestra della Svizzera Italiana in Lugano.

Weniger ausgelastet und daher weniger glücklich scheint in diesen Jahren seine streitbare Frau Pauline, einst eine gefeierte Wagner-Sängerin, gewesen zu sein. Gewohnt, ein grosses Haus zu führen, langweilte sie sich und brachte Angestellte und Direktion der jeweils bewohnten Hotels mit ihren Ansprüchen und ihrer Kritik zur Verzweiflung. Richard Strauss zog es vor, sich in solchen Augenblicken der Lektüre zu widmen...

Die «Vier letzten Lieder» waren zwar das letzte, aber nicht das einzige Werk, das Richard Strauss in der Schweiz geschrieben hat. Er nannte seine späten Bläserkompositionen scherzhaft «Nachlass zu Lebzeiten» oder gar, provozierend abwertend, «Nachlass ohne musikgeschichtliche Bedeutung». Sie sind jedoch in ihrer Klassizität, ihrem zauberhaften Melos und harmonischen Reichtum alles andere als das, sondern besonders geglückt und reizvoll.

Als erstes wurde im Herbst 1945, wie schon erwähnt, in Baden bei Zürich das Konzert für Oboe und kleines Orchester vollendet. Es verrät in seiner Transparenz Straussens Liebe zur Musik Mozarts, von dessen Melodie er am Ende seines Lebens sagte, sie sei die Offenbarung der von allen Philosophen seit Plato gesuchten menschlichen Seele, eine in ihrer Mischung aus Zärtlichkeit und Ironie für den Komponisten sehr typische Formulierung. Das Oboenkonzert weckt Erinnerungen an den «Bürger als Edelmann» und an die «Sinfonia Domestica». Das Melos der Oboe im 1. Satz hat etwas Vegetatives, als wüchse und verwandle sich die Melodie aus einer einzigen Zelle – Metamorphosen auch hier. Es wurde am 26. Februar 1946 in der Tonhalle Zürich unter Paul Sachers Leitung uraufgeführt.

Als zweites Werk der Schweizer Jahre schrieb Richard Strauss 1946 in Montreux das Duett-Concertino für Klarinette, Fagott mit Streichorchester und Harfe. Ursprünglich war das Werk von Hans Chr. Andersens Märchen «Die Prinzessin und der Schweinehirt» inspiriert, vertreten durch die beiden Soloinstrumente. Richard Strauss gab das «Programm» jedoch bald auf, und das Ergebnis wurde ein zierliches Doppelkonzert mit drei ineinander übergehenden Sätzen. Der Schlusssatz, bedeutend länger als die beiden ersten

Sätze zusammen, ist von unwiderstehlichem Reiz. Kurz vor Schluss verlangsamt sich das Tempo, die Musik verbeugt sich vor sich selbst in bittersüssen Reminiszenzen an die Welt des Rosenkavaliers. Die Uraufführung fand unter Othmar Nussio mit dem Orchestra della Svizzera Italiana am 4. April 1948 in Lugano statt.

Die schöne Widmung, die Richard Strauss seiner «Zweiten Sonatine für 16 Bläser» von 1943 mitgegeben hat, könnte ebenfalls über den beiden Bläserkonzerten stehen: «Den Manen des unsterblichen Mozart am Ende eines dankerfüllten Lebens».

Auf Initiative seines Verlegers entstanden in diesen Jahren auch das «Fragment Josephslegende» und, da Richard Strauss an eine Aufführungsmöglichkeit der Oper derzeit nicht glaubte, die «Symphonische Phantasie aus der 'Frau ohne Schatten'». Er hat nicht mehr erlebt, dass die im Krieg zerstörten Opernhäuser von Wien und München mit dem Welttheater der «Frau ohne Schatten» wiedereröffnet wurden.

Im Frühjahr 1947 liess sich Richard Strauss noch einmal zu einem Ausflug in die grosse Welt verführen und folgte einer Einladung von Sir Thomas Beecham nach London, wo der Dirigent in der gigantischen Albert Hall vor 7000 Zuhörern eine Richard Strauss-Woche veranstaltete. Der alte Herr bestieg, begleitet von seinem Verleger Dr. Erwin Roth, in Genf zum erstenmal ein Flugzeug, was ihm ausserordentlich gefallen hat – er berichtete seinem Enkel Christian begeistert von dem Flug mit der, wie er schreibt «Schweizerischen Swissair». In London dirigierte er das erste der Konzerte selbst, auf dem mehr als generösen Programm standen der Don Juan, die Burleske, die 1. Walzerfolge aus dem Rosenkavalier und die Sinfonia Domestica. Die Konzerte wurden zu einem ungeheuren Erfolg, und Richard Strauss besuchte, begleitet von Schuh, Galerien und Museen, liess sich im Hotel von Maria Cebotari umsorgen und stellte sich, etwas abwesend, den vielen Presseempfängen. Auf die Frage einer jungen Reporterin «Was sind Ihre Pläne, Dr. Strauss?» antwortete der 84jährige gelassen und etwas spöttisch: «Na, sterben halt.» Gottseidank tat er das nicht, sondern schrieb stattdessen die unvergleichlichen «Vier letzten Lieder».

Zurück in Montreux nahm er seine ausgedehnte Korrespondenz wieder auf und verfolgte äusserst kritisch, aber aus der Ferne, das Schicksal seiner Opern und seiner symphonischen Werke. Es gab auch wieder, bei aller Zuneigung und gegenseitigen Hochachtung, eine heftige Meinungsverschiedenheit mit Schuh. Aber aus der Clinique Cécil in Lausanne schrieb ihm Richard Strauss am 26. Dezember 1948 geschwächt und deprimiert von einer schweren Blasenoperation:

«Wir wollen alles vergeben und vergessen sein lassen. Ich weiss, ich habe Ihnen Zumutungen gestellt, die Sie Ihrem Berufe und Ihrem versöhnlichen Charakter nach nicht erfüllen können. Ich werde mir überhaupt meine alten Fehler der unmöglichen Forderungen endlich abgewöhnen. Ich liege hier auf dem greulichen Genesungslager. Es geht mir den Umständen angemessen gut, aber ich frage mich, warum man mich noch einmal in ein Dasein zurückruft, in dem ich mich tatsächlich überlebt habe.»

Nach seiner Genesung arbeitete er noch an zwei Plänen: einem Chorwerk mit dem Titel «Besinnung» auf einen Text von H. Hesse und an einem kleinen Singspiel «Des Esels

Schatten» nach Christoph Martin Wielands Roman «Die Abderiten», das für die Klosterschule Ettal gedacht war, wo seine Enkel erzogen wurden. Der Komponist der Salome war alles andere als ein «décadent», sondern zeit seines Lebens ein zärtlicher und besorgter Familienvater. Den Textentwurf für die kleine Oper schickte er an Schuh mit den Worten: «Bitte, sagen Sie mir Ihr ganz offenes Urteil... da ich den warnenden Schatten Hofmannsthal's fürchtend in solch einer parodistischen Sache nicht gerne mich nur auf meinen eigenen bürgerlich-bayrischen Geschmack verlasse!» Es existieren die Ouverture und sieben weitere Nummern. Ein Beweis, dass Richard Strauss tatsächlich, wie er trocken sagte, keinen leeren Schreibtisch sehen konnte.

Sein Hauptinteresse galt indessen weniger dem gelegentlichen Komponieren als der Lektüre. Er kehrte am 10. Mai 1949 mit seiner Frau in sein Haus in Garmisch zurück und las in der Zeit, die ihm noch verblieb, in den Werken Goethes, und zwar systematisch. Daneben studierte er die Partituren des Streichquintetts g-moll von Mozart, der späten Spreichquartette Beethovens und des Tristan. Die letzten Photos des lesenden alten Mannes sind in Ihrer Schönheit und Transparenz erschütternd.

Richard Strauss hat nach seiner Rückkehr aus der Schweiz noch vier Monate gelebt, aber die «Vier letzten Lieder» sind seine letzte vollendete Komposition geblieben.

Er hatte alles gesagt.

Bela Bartok

Die Uraufführung der Musik für Saiteninstrumente, Schlagzeug und Celesta am 21. Januar 1937 unter Paul Sacher in Basel war ein ausserordentlicher Erfolg. Bela Bartoks Werk wurde von Kritik und Publikum sofort als Meisterwerk erkannt und entsprechend gewürdigt.

Seitdem hat das Werk nichts von seiner magnetischen Wirkung verloren. Sie springt den Hörer förmlich an und beruht nicht nur auf den rhythmischen Energien, die man ohnehin mit dem Namen Bartoks verbindet, sondern geht im besonderen von den beiden langsamen Sätzen aus: dem fugierten Andante, einem Gewebe von beklemmender, chromatischer Dichte, und einem Adagio, in dessen unheimlicher Stille Xylophon und Celesta ihre magischen Klangfiguren zeichnen.

Die Musik für Saiteninstrumente gehört zu den grossen, unmittelbaren Werken der Neuen Musik. Sie war ein Kompositionsauftrag Paul Sachers zum 10jährigen Bestehen seines Basler Kammerorchesters.

Schon bald darauf erhielt Bela Bartok einen weiteren Auftrag des Dirigenten. Diesmal handelte es sich um ein Kammermusikwerk für die Internationale Gesellschaft für Neue Musik, Ortsgruppe Basel. Zunächst war sich der Komponist nicht über Form und Besetzung des Werkes im klaren, dachte an ein Klavierquartett, ein Klaviertrio, ja selbst an ein Werk mit Gesangsstimme. Geschrieben hat er schliesslich die hochoriginelle Sonate für 2 Klaviere und

Schlagzeug, die er zusammen mit seiner Frau Ditta Pasztory am 16. Januar 1938 ebenfalls in Basel zur Uraufführung brachte.

Auch dieses zweite Basler Werk gehört zu den Meisterwerken Bela Bartoks. Die Besetzung ist denkbar ungewöhnlich – den virtuos behandelten 2 Klavieren steht ein reichbestücktes Schlagzeug mit 2 Spielern gegenüber. Urbild dieses Klangkörpers, der auf alle kammermusikalische Verbindlichkeit verzichtet, ist der langsame Satz aus Bela Bartoks 1. Klavierkonzert. Aber die Ähnlichkeiten beschränken sich auf die Besetzung: ist das Andante des Klavierkonzertes eine bestürzende Meditation klanglicher Askese, so wurde die Sonate für 2 Klaviere und Schlagzeug ein durchaus dem Leben zugewandtes Werk von höchster Vitalität und ungeahntem Klangreiz.

Bereits 30 Jahre früher traf man den jungen Bela Bartok zum erstenmal in der Schweiz – er besuchte eine Kollegin von der Musikakademie in Budapest, Etelka Freund, in Vitznau am Vierwaldstättersee. Von diesem Aufenthalt besitzen wir ein Photo Bela Bartoks, es zeigt einen skeptischen, elegant gekleideten jungen Mann, dessen Gesicht von funkelnden Augengläsern verdeckt wird. Er gleicht einem gelangweilten Feriengast aus einer Novelle von Tschechow. Gänzlich anders sind die späteren Portraits des Komponisten – Sensibilität und Kraft stehen in dem auffallend schönen Gesicht nebeneinander, wie auch in seiner Musik. Auf dieser ersten Reise sah er ausserdem Zürich, Luzern und den Genfer See. Doch waren ihm, seinen Kartengrüssen nach zu urteilen – wir befinden uns im Jahre 1908! – diese Orte schon damals zu touristisch. Was er suchte, war die «reine Natur» – gefunden hat er sie schliesslich in einem kleinen Alpendorf in der Gegend von Zermatt. Dorthin kehrte er auch in den folgenden Sommern zurück.

In diese Zeit fällt die Entstehung des 1. Violinkonzertes von Bela Bartok – aus verschiedenen Gründen hat es Bezug zur Schweiz. Es fand sich im Nachlass von Stefi Geyer in Zürich, nachdem es für verschollen gegolten hatte. Bela Bartok hatte es 1908 für die junge und hochbegabte Geigerin komponiert, die er liebte, und er hatte ihr das Manuskript zum Geschenk gemacht, obwohl sie ihre Beziehung zu ihm bereits abgebrochen hatte.

Das Violinkonzert von 1908 wurde erst 1958 mit Hans Heinz Schneeberger unter der Leitung von Paul Sacher uraufgeführt, das Repertoire wurde so um ein bedeutendes Werk aus der Frühzeit des Komponisten reicher.

Genaugenommen war nur der 2. Satz des Konzertes eine Uraufführung: den 1. Satz hatte Bela Bartok unter dem bezeichnenden Titel «Ein Ideal» in die «Zwei Portraits» op. 5 aufgenommen. Er beginnt mit einem Motiv, das Bartok auch noch im folgenden Jahr mehrfach kompositorisch verwendet hat. Ein Zeichen dafür, dass ihm diese Beziehung noch lange zu schaffen machte. Das Violinkonzert von 1908 zeigt, wie alle Werke Bartoks aus dieser Zeit, den Einfluss von Richard Strauss, ist aber in noch stärkerem Masse Claude Debussy verpflichtet. Ohne Zweifel trägt es aber bereits durchaus persönliche Züge und ist in seiner traumhaften Atmosphäre höchst betörend.

Erstaunlich bleibt, dass Stefi Geyer dieses Stück nie öffentlich gespielt hat. Erst 1923 ergab sich wieder ein persönlicher Kontakt zwischen ihr und Bartok – auf einer Konzertreise durch die Deutschschweiz spielten sie zusammen die

2. Violinsonate und die Rumänischen Tänze des Komponisten.

Zeit seines Lebens war Bela Bartok fasziniert von der Welt der Schweizer Alpen und nur der 1. Weltkrieg unterbrach seine Besuche. In den zwanziger und dreissiger Jahren verbrachte er wiederum mit grosser Regelmässigkeit seine Ferien in dieser von ihm geliebten Landschaft.

Eine ganze Reihe von Photos zeigt Bela Bartok in den Bergen und erinnert an seine tiefe Verbundenheit mit der Natur. Sie war für ihn mehr als ein Ort der Entspannung, sie war die Basis seiner Philosophie und seiner Religion. Nicht umsonst stossen wir in seinem Werk auf Titel wie «In voller Blüte» aus op. 10 oder «Im Freien» von 1926. Für viele langsame Sätze seiner Kompositionen wird ein eigentümlich nächtiger Naturlaut charakteristisch, voller Vorahnung und Beklommenheit.

Bartoks Musik besitzt wie keine andere Musik seiner Zeit etwas Seherisches, ein Gefühl für das Heraufziehen der Katastrophe. In einem Brief aus dem Jahre 1931 schrieb der Komponist: «Meine eigentliche Idee aber, deren ich mir – seitdem ich mich als Komponist gefunden habe – vollkommen bewusst bin, ist die Verbrüderung der Völker, eine Verbrüderung trotz allem Krieg und Hader. Dieser Idee versuche ich – soweit es meine Kräfte gestatten – in meiner Musik zu dienen; deshalb entziehe ich mich keinem Einflusse, mag er auch slowakischer, rumänischer, arabischer oder sonst irgend einer Quelle entstammen. Nur muss die Quelle rein, frisch und gesund sein!»

Auch die Fabel von den Zauberhirschen in der «Cantata profana» von 1930 handelt von einer «Rückkehr zur reinen Quelle». Ihr heftiges Engagement wirkt wie ein Appell.

1931 wurde Bela Bartok eingeladen, dem «Comité permanent des Lettres et des Arts» des Völkerbundes in Genf beizutreten. Obwohl er sich später wenig Illusionen über die praktische Nützlichkeit dieser Organisation machte, bot sie ihm doch Gelegenheit, andere bedeutende Geister seiner Zeit kennenzulernen. Ein Photo, aufgenommen während dieser Tagung, zeigt ihn zusammen mit Thomas Mann, Paul Valery und Gonzague de Reynolds.

Bela Bartok war ein absoluter und kompromissloser Mensch und so nimmt es nicht wunder, dass er seit 1933 auf alle Konzertverpflichtungen in Deutschland verzichtete. Nach dem Anschluss Oesterreichs im Jahre 1938 verfolgte er auch die politische Entwicklung in Ungarn mit der allergrössten Sorge. Am 13. April 1938 schrieb er an Annie Müller-Widmann, die Freundin in Basel: «Es ist nämlich die imminente Gefahr, dass sich auch Ungarn diesem Räuber- und Mördersystem ergibt. Die Frage ist nur wann und wie. Wie ich dann in so einem Lande leben – oder was dasselbe ist – weiter arbeiten kann, ist gar nicht vorstellbar. Ich hätte eigentlich die Pflicht, auszuwandern, solange es noch möglich ist...»

Mit Annie und Oskar Müller-Widmann verband Bela Bartok eine echte Freundschaft. Das Basler Ehepaar interessierte sich lebhaft für alles Künstlerische und in ihrem Haus fand auch die schweizerische Erstaufführung des 5. Streichquartetts des Komponisten durch das Zoltan Szekely Quartett statt.

In dieser Zeit schwerer seelischer Belastungen erhielt Bartok einen dritten Kompositionsauftrag von Paul Sacher. Darüberhinaus lud ihn der Basler Mäzen ein, einige Wochen in Saanen zu verbringen. Ihm verdanken wir eine sehr eindringliche Charakterisierung Bela Bartoks: «Wer Bela Bartok begegnete, in Gedanken an die rhythmische Urkraft seiner Werke, war von der schmalen zarten Gestalt überrascht. Er hatte die äussere Erscheinung eines feinnervigen Gelehrten. Der von fanatischem Willen und unbarmherziger Strenge besessene und von einem glühenden Herzen getriebene Mensch wirkte unnahbar und war von zurückhaltender Höflichkeit. Sein Wesen atmete Licht und Helligkeit. Seine Augen leuchteten mit herrlichem Feuer. In den Strahlen seines forschenden Blickes hatte nichts Unwahres oder Unklares Bestand. Wenn etwa beim Musizieren eine besonders gewagte und schwierige Stelle gut gelang, lachte er knabenhaft übermütig, und wenn er sich über das glückliche Vollbringen einer Aufgabe freute, strahlte er förmlich. Das bedeutete mehr als unverbindliche Komplimente, die ich aus seinem Munde nie vernommen habe».

Bartok verbrachte den Monat August 1939 in völliger Zurückgezogenheit von den Ereignissen dieser Zeit im Chalet Ällen, etwas oberhalb der Kirche von Saanen. Hier komponierte er das Divertimento für Streichorchester. Am 18. August 1939 schrieb Bartok an seinen Sohn Bela: «Ich komme mir vor wie ein Musiker vergangener Zeiten, der bei seinem Mäzen zu Gast ist. Du weisst doch, dass mich Sachers hier zu allem eingeladen haben, sie sorgen für alles – aus der Ferne. Ich wohne also völlig alleine – in einem ethnographischen Objekt: einem regelrechten Bauernhaus. Eingerichtet ist es allerdings nicht ethnographisch, dafür aber um so besser, nämlich mit dem allervollständigsten Komfort. Sogar ein Klavier haben sie aus Bern hierhergeschafft. Neuerdings ist mir auch das Wetter hold... Es ist aber umsonst so günstig für Ausflüge, ich kann keinen Gebrauch davon machen, ich muss arbeiten. Und gerade für Sacher... Und das macht meine Lage der der alten Musiker so ähnlich...»

Nur zwei Wochen nach Beendigung der Partitur brach der 2. Weltkrieg aus. Einiges dieser Bedrohlichkeit scheint trotz der Idyllik der Umgebung in die Atmosphäre des langsamen Satzes eingegangen zu sein und wächst sich dort zu einer alptraumartigen Vision aus. Die taghellen Ecksätze dagegen sprühen vor Freude und Leichtigkeit der Erfindung. Im ersten Satz stehen geschmeidige Eleganz und auftrumpfend Tänzerisches nebeneinander, sehnsüchtige und parodistische Episoden unterbrechen die rhythmischen Energien des dritten Satzes. Beide Sätze erweisen Richard Strauss musikalisch Reverenz. Die melodische Wärme, die seit dem 2. Violinkonzert von 1938/39 für Bartoks Musik kennzeichnend wird, ist auch dem Divertimento eigen.

Das bezaubernde Stück ist in der unglaublich kurzen Zeit von nur fünfzehn Tagen entstanden. In Struktur und Aussage ist es einfacher und direkter als die zwei vorausgegangenen «Basler» Werke, darum aber nicht weniger meisterhaft. Auf dem Manuskript des Divertimento notierte der inspirierte Komponist bereits Skizzen zu einem 6. Streichquartett, dem letzten, noch in Europa begonnenen Werk Bartoks.

Dann aber machte die drohende politische Lage dem Glück dieser Wochen ein Ende und zwang Bartok, eine Woche früher als vorgesehen nach Budapest zurückzukehren.

Auf dem Weg ihrer Ausreise in die USA kam Bela Bartok mit seiner Frau ein letztesmal für wenige Tage durch die Schweiz. Seine Abschiedsbriefe galten Paul Sacher und Annie Müller-Widmann. Ihr schrieb der Komponist: «Und nun sind wir traurigen Herzens hier und sagen Ihnen und den Ihren unser Adieu – auf wie lange, ob auf ewig, wer weiss! – Schwer, unendlich schwer ist dieser Abschied. Und dieses wunderschöne Land, Ihr Land, vielleicht zum letztenmal zu sehen, und mit dem Gedanken, welche Zukunft seiner harrt, und unserer Freunde, die hier sind.»

Stefi Geyer begleitete die Freunde von Zürich bis Genf. Hier bestiegen sie einen Autobus nach Lissabon und fuhren von dort mit einem Frachtdampfer Amerika und dem Ungewissen entgegen.

Die Uraufführung des Divertimento fand unter Paul Sachers Leitung, aber ohne den Komponisten und wegen der Kriegsereignisse verschoben, am 11. Juni 1940 in Basel statt.

Die Ahnungen des langsamen Satzes waren Wirklichkeit geworden.

Igor Strawinsky

Betritt man, von Genf kommend, das alte Morges, will einem scheinen, als wandere man entlang der schönen Häuserzeilen zurück in ein vergangenes Jahrhundert. Hat man Glück, so ist gerade Markttag, und der Zauber ist vollkommen. Am Seeufer liegt das massige Schloss aus dem 13. Jahrhundert wie ein Schiff vor Anker, gleich daneben flankieren zwei Türmchen sehr lustig den Eingang zum Jachthafen. Ein Paar Schritte weiter erinnert das kleine Casino an die Belle Epoque, und erstaunt liest man auf einem der Strassenschilder am Quai den Namen Igor Strawinskys. Man hätte seinen Namen eher mit der grossen Welt in Verbindung gebracht, mit den Ballets Russes Diaghilews in Paris oder mit George Balanchine und Amerika. Aber nun erinnert man sich – an die «Histoire du Soldat» und damit an C. F. Ramuz und Ernest Ansermet. Betrachtet man die Vita des Komponisten jedoch etwas näher, so stellt man fest, dass Igor Strawinsky seit 1912 mit Unterbrechungen, von 1914 bis 1920 aber ständig am Genfer See gelebt hat.

Mit seinen «Souvenirs sur Igor Strawinsky» hat C. F. Ramuz den Jahren der «Histoire du Soldat» ein sehr bewegendes Denkmal gesetzt. «Das Buch ist ein schönes Zeichen unserer gegenseitigen Zuneigung, für das Echo, das die Empfindungen des einen beim anderen fanden, für unsere Liebe zum Waadtland, Ihrer schönen Heimat, die uns zusammengeführt hatte», schreibt Igor Strawinsky in seiner «Chronique de ma vie».

Aber dass hier auch grosse Teile des «Sacre du printemps», «Les Noces» und der «Renard» entstanden sind, will einem schon weniger in den Sinn, so sehr sind sie geprägt vom Zauber des heidnischen und des orthodoxen Russland.

Als sich Strawinsky zum erstenmal für den Winter 1912/13 in Clarens niederliess, hatte er bereits den «Feuervogel» und den «Petrouschka» geschrieben und war ein berühmter Mann. Bei der stürmischen Uraufführung des «Sacre du Printemps» am 28. Mai 1913 im Théâtre des Champs Elysées in Paris teilte sich das Publikum in feindliche Lager und protestierte so lautstark, dass die Tänzer nichts mehr von der Musik hören konnten: Igor Strawinsky war zum Führer der musikalischen Avantgarde geworden.

Die Rezeption des «Sacre» schwankt seitdem zwischen einer im Vergleich zu Strawinskys sonstigem Oeuvre allzu ausschliesslichen Überbewertung und Debussys diplomatischem Ausweichen. Er sprach von einer Erinnerung, die ihn verfolge wie ein wunderschöner Alptraum. Die Bedeutung des Werkes in der Musikgeschichte bedarf indessen keiner Diskussion – es hat das Gesicht der Musik des 20. Jahrhunderts verändert.

Das Riesenorchester von 110 Mann steht nicht allein im Umfeld seiner Zeit. Die «Elektra» von Richard Strauss, die 8. Symphonie von Gustav Mahler und Arnold Schönbergs «Gurre-Lieder» benützen die gleichen Mittel. Ein Teil des beispiellosen Uraufführungsskandals ging ohne Zweifel zu Lasten von Nijinskijs hilfloser Choreographie. Das geniale Werk kann ohne weiteres auf eine szenische Realisation verzichten, denn seine Musik drückt in ihrer dionysischen Besessenheit bereits alles aus, was ihr Schöpfer 1910 in Petersburg vor sich sah: «Alte Männer sitzen im Kreis und schauen dem Todestanz eines jungen Mädchens zu, das geopfert werden soll, um den Gott des Frühlings günstig zu stimmen. Es war das Thema des «Sacre du Printemps», schreibt Igor Strawinsky in seiner «Chronique de ma vie».

Durch diese revolutionären Erfolge lebte Strawinsky auch in der Schweiz zunächst alles andere als zurückgezogen. Er war in ständiger Bewegung: man sah ihn in Paris, in London, in Budapest, in Madrid und in Wien bei Aufführungen seiner Werke. Clarens vertauschte er zeitweise mit Château-d'Oex, Leysin oder Salvan im Wallis, und die Sommer verbrachte er im allgemeinen auf seinem Landgut im fernen Ustilug in der Ukraine.

Während der Arbeit am «Sacre» waren auch die «Trois lyriques de la poésie japonaise» entstanden. Auch sie sind vom Text her eine Frühlingsfeier, allerdings en miniature, und nehmen sich neben den Barbarismen des «Sacre» besonders grazil aus. Strawinsky hatte im Dezember 1912 in Berlin, wo Diaghilew mit den Ballets Russes gastierte, den «Pierrot lunaire» von Arnold Schönberg gehört, dessen instrumentale Substanz ihn, wie er sagte, ausserordentlich beeindruckte. Ein weiteres grosses Erlebnis wurde für ihn die Lektüre japanischer Poesie. Die zeichnerische Lösung der Perspektive und des Raumes, die die japanische Kunst zeigt, ermutigte ihn, etwas Analoges in der Musik zu finden. Die drei entstandenen Miniaturen wirken wie mit einem hochvirtuosen Tuschepinsel ausgeführt, erscheinen aber ihres relativ grossen Aufwands und ihrer Kürze wegen – sie dauern zusammen nur etwa 3,5 Minuten – nur selten in den Konzertprogrammen. Es sind Kostbarkeiten, die man wegen ihrer Flüchtigkeit gleich mehrmals hintereinander hören möchte.

Igor Strawinsky zeigte sie Maurice Ravel, der 1913 in den Monaten März und April in Clarens wohnte und sich mit ihm in einen Auftrag Diaghilews teilte, die Khovanchtchina von Mussorgski zu orchestrieren. Die «Trois lyriques de la poésie japonaise» entzückten Maurice Ravel durch ihre delikate Handschrift und haben ihn zu seinen unvergleichlichen «Trois chansons sur Mallarmé» angeregt. Die beiden gleichaltrigen Komponisten verband eine ausgesprochen unkomplizierte Freundschaft, sehr verschieden von der distanzierten Verehrung, die Strawinsky dem etwas älteren Debussy entgegenbrachte und dem er 1912 – nomen est omen – seinen «Roi des étoiles» gewidmet hatte.

Das Freie Theater in Moskau gab Strawinsky 1913 den Auftrag, seine Oper «Die Nachtigall» zu vollenden, von der er 1908 nur den 1. Akt komponiert hatte. Für Strawinsky, der sich inzwischen denkbar weit vom Stil seiner Anfänge entfernt hatte, war es undenkbar, zurück in die alte Haut zu schlüpfen. Er komponierte daher den 2. und 3. Akt in bewusstem Stilbruch. Man mag bedauern, dass der Komponist nicht den ganzen Text in der impressionistischen Manier von 1908 vertont hat – man besässe allzugern eine Oper aus Strawinskys «blauer Periode».

Die Musik der späteren Akte ist dagegen spröder, aber von grösster Klangphantasie. Das Orchester wird weniger kompakt eingesetzt, sondern ist ausserordentlich subtil aufgefächert in Einzelklänge, Kadenzen und Klanggruppen, eine Musik voller Rätsel. Der Komponist verwandte sie später zu einer symphonischen Dichtung, die allerdings bei ihrer ersten Aufführung unter Ernest Ansermet in Genf und Lausanne auf Gelächter und Ablehnung stiess. Aber Publikumsecho und Fachkritik entscheiden bei der Uraufführung neuer Musik nicht immer über Wert und Unwert einer Komposition.

Die Pariser Freunde hatten den Komponisten nicht vergessen. 1914 besuchte Maurice Delage Strawinsky in Clarens, der seine höchst anregende Gesellschaft ganz besonders zu schätzen wusste. Im selben Jahr erschien Jean Cocteau in Leysin mit dem Entwurf zu einem Balett «David», für das sich Strawinsky aber nicht erwärmen konnte: eine Zusammenarbeit zwischen ihnen ergab sich erst zwölf Jahre später mit dem «Oedipus Rex».

Ein Jahr darauf kam es auch zu einem Besuch Diaghilews. Er blieb zur Freude Strawinskys gleich einige Monate in der Schweiz und residierte in der ihm eigenen grosszügigen Weise in der Villa Belle Rive in Ouchy, die während dieser Zeit zum Treffpunkt der russisch-französischen Ballettwelt wurde. Zu dem Kreis um Diaghilew gehörten auch Leonid Massine, der spätere Choreograph von Strawinskys «Pulcinella», und Leon Bakst, berühmt durch seine Bühnenbilder und Kostüme für Ravels «Daphnis und Cloe».

1914 reiste Strawinsky ein letztes Mal zurück in das zaristische Russland. Wichtig ist, dass er von dieser Reise eine Sammlung russischer Volkstexte von Alexander Afanasiew mitbrachte, denn sie wurde zur Anregung der «Noces», des «Renard» und weiterer Vokalwerke, die in den kommenden Jahren in der Schweiz entstanden. «Les Noces» beschäftigten Strawinsky länger als jedes andere seiner Werke. Entwürfe gehen zurück bis in das Jahr 1914. In der Rychenberg-Stiftung Winterthur befindet sich die erste Orchesterskizze von 1917, sie enthält das fast völlig orchestrierte 4. Bild in einer Fassung für ein riesenhaft besetztes, farbiges Orchester. Aber das Klangbild sollte sich noch mehrfach verwandeln, und eine Zeitlang dachte Strawinsky sogar an die Wiedergabe durch mechanische Instrumente. 1922 telegraphierte er schliesslich an Ansermet: «Die neue Orchestrierung von «Les Noces» besteht aus vier Klavieren und Schlagzeug.» Dies ist die endgültige Fassung, die wir kennen.

Das Werk besitzt auch heute noch die erschreckende Vehemenz einer elektrischen Entladung und ist in seiner Ursprünglichkeit durchaus dem «Sacre» verwandt. Es hat keine Handlung im herkömmlichen Sinn, sondern gleicht durch die Reihung orthodoxer Hochzeitsbräuche eher einer Zeremonie. Immer wieder angeschlagene Glockentöne erhöhen seine Wirkung ins Lithurgische. «Les Noces» waren von grosser Wirkung auf Strawinskys Zeitgenossen, insbesondere auf Bela Bartok und Carl Orff.

Hat man Gelegenheit, die Partituren Igor Strawinskys im Original zu sehen, ist man überrascht von ihrer kalligraphischen Schönheit. C. F. Ramuz beschreibt in seinen «Souvenirs sur Igor Strawinsky» den Schreibtisch des Komponisten: «Hier herrschte eine erhellende Ordnung, weil sie selber nur der Wiederschein einer inneren Klarheit war. Und diese Klarheit leuchtete auch durch alle jenen grossen, mit Schrift bedeckten Blätter hindurch in einer noch vielfältigeren Form, die noch eindringlicher, noch endgültiger war durch das Auftreten der verschiedenen Tinten, der blauen, der grünen, der roten, der schwarzen Tinte...»

Unterbrochen wurde die Arbeit an «Les Noces» von der Komposition des in jeder Hinsicht schmaleren «Renard», einem Auftrag der Princesse Vinaretta de Polignac, einer höchst bemerkenswerten Frau, ebenso begabt als Musikerin wie auch als Malerin, die erfreulicherweise neben diesen Talenten auch die Singer-Millionen geerbt hatte. Sie interessierte sich in besonderem Masse für Strawinsky und seine Musik. Der «Renard» sollte nach dem Krieg in ihrem Pariser Salon uraufgeführt werden, in dem er sich allerdings einigermassen bizarr ausgenommen haben wird. Die öffentliche Uraufführung fand erst 1922 unter der Leitung von Ernest Ansermet an der Pariser Oper statt.

Die Musik der originellen Opernminiatur ist höchst schlagfertig und verzichtet auf alle Lyrismen im herkömmlichen Sinn, da sie ganz vom russischen Sprachduktus her erfunden ist. Aus diesem Grunde wollte Strawinsky später, obwohl er mit C. F. Ramuz eine französische Textfassung erarbeitet hatte, nur eine Aufführung im russischen Original gelten lassen.

Die Stimmen von vier unsichtbaren Sängern repräsentieren Fuchs, Hahn, Kater und Ziegenbock, die auf der Bühne pantomimisch dargestellt werden. Teil des äusserst farbig eingesetzten Kammerorchesters ist das Zimbal. Im Maxim in Genf hatte Strawinsky zusammen mit Ernest Ansermet den Zimbalisten Aladar Racz gehört und sich dabei in das biblische Instrument verliebt. Er nahm sogar Unterricht bei Aladar Racz, für den auch der ausserordentlich reizvolle Zimbal-Part im «Renard» geschrieben ist. Die aggressive Witzigkeit der 16-minütigen Burleske lässt den Zuhörer amüsiert, aber auch akustisch etwas erschöpft zurück.

Die Kriegsjahre und später die bolschewistische Revolution in Russland verwandelten Strawinskys freiwillige Zurückgezogenheit in ein Exil, und die Beziehung zu seinen Schweizer Freunden wurde von immer grösserer Bedeutung für ihn. Schon 1914 hatte er Ernest Ansermet kennengelernt, der zu dieser Zeit das Orchester in Montreux leitete.

Amüsant ist, dass Ansermet während einer Probe von Strawinskys Symphonie in Es dem Komponisten den Taktstock in die Hand drückte. Dies war das erste Mal, dass er ein Orchester dirigierte, und sozusagen der Beginn seiner Dirigententätigkeit, die er bis ins hohe Alter ausübte, auch wenn er sich dann bisweilen mit seinem Adlatus Robert Craft in die Programme teilte.

Ansermet war es auch, der die Bekanntschaft zwischen Strawinsky und C. F. Ramuz vermittelte. Zu ihrem Freundeskreis gehörten auch René Auberjonois, die Brüder René und Jean Morax, Alexandre und Charles Albert Cingria. Ansermet, überzeugt von der überragenden Bedeutung Strawinskys, wurde auf lange Zeit dessen bevorzugter Dirigent. Der Komponist bescheinigt ihm in seiner «Chronique de ma vie», dass er seine Musik *wiedergebe* und nicht *interpretiere*, aus seinem Munde das grösste Kompliment für einen Dirigenten.

Dass es 1937 zum Bruch dieser ausserordentlichen Freundschaft kam, scheint unbegreiflich. Der Anlass – ein von Ansermet vorgeschlagener Strich für eine Konzertaufführung der «Jeux de cartes» – war so geringfügig, dass er wohl nur die Auslösung eines latenten Konfliktes gewesen ist. Strawinsky selbst hatte aus den entschieden bedeutenderen Partituren des «Feuervogels» und des «Petrouschka» Konzertfassungen zusammengestellt, so dass Ansermet Strawinskys verletzte und aggressive Reaktion unverständlich bleiben musste. Er schrieb ihm, das Publikum beurteile Musik nach ihrem Gehalt und nicht nach ihrer Form, womit er aber letzten Endes Grundsätzlichem in der Musikauffassung des Komponisten widerspricht.

Strawinskys eigenwillige Formulierungen in seiner «Chronique de ma vie» gipfeln in dem Satz: «Denn ich bin der Meinung, dass Musik ihrem Wesen nach unfähig ist, etwas auszudrücken... Wenn, wie es fast immer der Fall ist, Musik etwas auszudrücken scheint, so ist dies Illusion und nicht Wirklichkeit.» Äusserungen, die man beim Anhören des Sacre, des Petrouschka aber auch der Psalmensymphonie einigermassen kopfschüttelnd zur Kenntnis nimmt, ganz abgesehen von der Musik anderer grosser Komponisten.

Strawinskys spätere Hinwendung zur seriellen Komposition vergrösserte noch den Konflikt. Wie tief schliesslich die Kluft zwischen ihren Ansichten über das Wesen der Musik und ihre Rolle im Leben des Menschen wurde, zeigt das Kapitel «Strawinsky» in Ansermets Hauptwerk «Die Grundlagen der Musik im menschlichen Bewusstsein». Ansermets Argumentation ist nicht nur musikwissenschaftlich sondern auch philosophisch begründet und so greift seine Kritik tief: «Die abendländische Christenheit hat aus der Musik einen authentischen Ausdruck des Menschen gemacht: ihr Wert bestimmt sich nach der Ordnung des Wahren. Strawinsky hat von der abendländischen Musik nur den ästhetischen Aspekt übernommen.»

1951 begegneten sich Ansermet und Strawinsky per Zufall in Genf wieder, aber zu einer Annäherung ist es nicht mehr gekommen. Als Konsequenz schliessen Ansermets beispielhafte Schallplattenaufzeichnungen der Werke Strawinskys mit der Symphonie in 3 Sätzen von 1945. Das Spätwerk wurde ausgeklammert.

Aber zurück zu den Jahren der Freundschaft. Im Herbst 1914 mietete Strawinsky Ansermets Haus in Clarens für den

Winter und siedelte 1915 nach Morges über. Dort wohnte er zunächst in der Villa «Les Sapins», mit Blick über den See und auf Lausanne. Diese ersten Kriegsjahre stellten ihn finanziell vor grosse Probleme: Diaghilews Truppe konnte nicht mehr auftreten, da die meisten Theater geschlossen waren, und damit entfielen für Strawinsky die Tantiemen seiner Ballette. Er hatte für seine lungenkranke Frau und vier Kinder zu sorgen, und die russische Oktoberrevolution beraubte ihn schliesslich seiner Einkünfte aus Russland. Aber auch für die Schweizer Freunde war die Lage nicht viel besser. Ramuz und Strawinsky sahen sich häufig im Hause Ansermets, wo sie zusammen an der Übersetzung des «Renard» und anderer Vokalwerke des Komponisten ins Französische arbeiteten. An einem dieser Nachmittage wurde, zunächst aus rein wirtschaftlichen Erwägungen, die Idee zur «Histoire du Soldat» geboren: Ramuz und Strawinsky wollten ein Stück für eine Art Wanderbühne schreiben, das sich auch in der Zeit grösster Einschränkungen leicht von Stadt zu Stadt bewegen liess.

Ramuz und Strawinsky – grössere Gegensätze sind kaum denkbar, und trotzdem sind sie wirkliche Freunde gewesen. Wie grundverschieden sie waren, zeigt das berühmte Photo, auf dem sie, nicht besonders einträchtig, nebeneinander sitzen. Ramuz wirkt erschöpft, Strawinsky ärgerlich. Mit einer Art von demütigem Pathos umkreisen Ramuz' «Souvenirs sur Igor Stravinsky» den grossen Russen: «Du standest vor mir in einer Zone der Freiheit, die Du immer um dich hattest und in der Du mich Platz zu nehmen batest mitten in meinem eigenen Lande. Auf diese Weise war sie von den Dingen bewohnt, die ich mit Recht liebte, die ich aber nicht zu lieben wagte. Du, du kamst anderswoher: dennoch hast Du sie geliebt und zwar sofort, ohne zu zögern...»

Sehr bezeichnend für ihr Einverständnis und für Strawinskys Musik im besonderen ist folgende Passage: «Ein Mensch, und ein ganzer Mensch: das heisst raffiniert und gleichzeitig primitiv; einer der Verständnis hat für alle Komplikationen, aber auch für das Elementare, einer der schwieriger geistiger Kombinationen und direktester Reaktionen fähig ist; so wie es sich gehört, denn man muss wild und zivilisiert zugleich sein; man muss nicht *nur* primitiv sein, man muss *auch* primitiv sein...»

An einer anderen Stelle nennt der Dichter den Musiker einen Raubmenschen, eine sehr zwingende Metapher auch für Strawinsky als Komponisten, der sich später, wie kein anderer fremde Einflüsse anverwandelte, um sich immer wieder durch eine stilistische Häutung zu verjüngen.

«Dagegen bedeutete für Ramuz das Verharren im Heimatlichen keineswegs eine Verarmung, sondern einen Gewinn an Tiefe» sagte Ansermet. Vielleicht war es gerade das, was Strawinsky an Ramuz so anzog, da er sich selbst als Emigrant immer mehr von seinen Ursprüngen entfernte.

Das, was Ramuz und Strawinsky geplant hatten, wurde ein Meisterwerk. Geboren aus der Notwendigkeit der Zeit, eine Art Anti-Bayreuth, ein geniales Stück aus nichts, mit grosser Aussage und mit grosser Wirkung. Den geplanten Erfolg hat das Werk allerdings zunächst nicht gehabt. Nach seiner Uraufführung am 29. September 1918 in Lausanne wurde es zwar noch in Genf und Winterthur gegeben, aber bereits die Zürcher Aufführung wurde ein Opfer der spanischen Grippe, und Ramuz las dort, um den Abend zu retten, den Text ohne die Musik.

Was entstanden war, ist ein Werk für einen Erzähler, zwei Schauspieler, einen Tänzer, eine Tänzerin und ein Solistenensemble mit Schlagzeug, das Strawinsky sichtbar rechts von der Bühne aufgebaut haben wollte und in dem je zwei Instrumente der gleichen Familie in hoher und tiefer Lage auftreten, wodurch sich trotz der kleinen Besetzung sehr grossräumige Wirkung erzielen lassen. Links von der Bühne kommentiert und verbindet ein Rezitator die Geschichte. Der Text von Ramuz besitzt einen eigentümlichen, leicht waadtländischen Tonfall, der das russische Märchen vom Soldaten, der dem Teufel seine kleine Geige verkauft und sich damit seine Seele ablisten lässt, zugleich naiv und dämonisch verfremdet. Die Moral von der Geschichte stehe für den unverwechselbaren Klang von Ramuz' Text, den man in seiner Schlichtheit und Weisheit getrost eine Dichtung nennen darf: «Il ne faut pas vouloir ajouter à ce qu'on a ce qu'on avait. On ne peut pas être à la fois qui on est et qui on était. Il faut savoir choisir; on n'a pas le droit de tout avoir: c'est défendu. Un bonheur est tout le bonheur; deux, c'est comme s'ils n'existaient».

Strawinsky's Musik bezieht Impulse aus der russischen Folklore, aber auch aus der Unterhaltungsmusik der Gegenwart (Tango, Ragtime). Sie ist aller symphonischen Wohlanständigkeit entkleidet und ist auf provozierend ausgesparte Weise suggestiv wie das Gift der teuflischen Einflüsterungen. Sie zeichnet mit wenigen aber ganz sicheren Strichen das Unterwegssein des Soldaten, sein kleines Glück mit der Geige zu Beginn des Stückes, den bösen Triumph des Teufels und das bittere Ende.

Für die Uraufführung schuf René Auberjonois die Bühnenbilder. Soldat und Rezitator waren junge Studenten von

Lausanne: Gabriel Rosset und Elie Gagnebin. In die zweifache Gestalt des Teufels teilten sich Georges Pitojeff und Jean Villard, die Prinzessin tanzte Ljudmilla Pitojeff. Ernest Ansermet leitete die Uraufführung – sie wurde durch die ideale Verwirklichung aller Elemente zu einer besonders glücklichen Erinnerung für den Komponisten.

Werner Reinhart war dem Werk ein verständnisvoller und grosszügiger Mäzen und übernahm, als sich andere Geldgeber nicht finden liessen, schliesslich die gesamten Unkosten des Unternehmens. Darüberhinaus finanzierte er eine Reihe von Konzerten, die das Schweizer Publikum mit Strawinskys Kammermusik dieser Jahre bekanntmachen sollte. Darunter waren zwei Liederzyklen russischer Miniaturen, Pribaoutki und die Katzenwiegenlieder, eine Piano Rag Music und die «Drei Stücke für Streichquartett», höchst eigenwillige, hermetische Musik von grösster Konzentration, deren revidierte Fassung Ernest Ansermet gewidmet ist. Strawinsky bedankte sich bei Werner Reinhart, der selbst Klarinette spielte, mit drei kleinen Stücken für sein Instrument.

Schwer traf Strawinsky in dieser Zeit der Verlust seiner alten Berthe, der Kinderfrau der Familie, die ihm 1914 aus Russland in die Schweiz gefolgt war und die er wie eine zweite Mutter geliebt hatte.

Das Ballett «Pulcinella» entstand als letztes von Strawinskys Werken in der Schweiz. Es spricht eine gänzlich andere Sprache. Rückblickend scheint es, als habe Strawinsky mit diesem Ballett mit Gesang bereits das Terrain für seine späteren neoklassizistischen Werke sondieren wollen. Es ist alles andere als eine blosse Stilkopie des 18. Jahrhunderts, sondern höchst originell in der Orchestrierung und Neudisposition des musikalischen Materials von Pergolesi.

Die Arbeit an «Pulcinella» brachte für Strawinsky eine Wiederbegegnung mit Picasso. Die Parallelen zwischen den beiden Künstlern sind auffallend – erhöhtes Interesse am Material selbst und Neugier auf immer neue Lösungen, damit verbunden ständige Verwandlungen und stilistische Perioden ohne Verlust der eigenen Handschrift.

Sie waren sich 1917 in Rom begegnet und hatten zwei Wochen in grosser gegenseitiger Sympathie in Neapel verbracht, auf der Jagd nach alten, italienischen Aquarellen und in gemeinsamem Interesse für das Aquarium der Stadt. In Rom waren auch Porträtskizzen des Komponisten von der Hand Picassos entstanden. Mit einem dieser Blätter wollte Strawinsky zurück in die Schweiz reisen, als ein übereifriger Zöllner das Porträt für einen Plan von Festungsanlagen hielt und es konfiszierte. Erst später erhielt es der Eigentümer durch Diplomatenpost wieder zurück...

Picasso also entwarf die Bühnenbilder und Kostüme für Pulcinella, Leonid Massine war der Choreograph und Ernest Ansermet betreute das Werk musikalisch. Von den Schwierigkeiten die entstehen können, wenn starke Persönlichkeiten zusammenarbeiten, spürte man bei der Uraufführung am 8. Mai 1920 in Paris nichts – sie war vollkommen. Während der Proben war Strawinsky ständig zwischen Morges und Paris unterwegs gewesen, und sein Leben begann wieder dem seiner Vorkriegsjahre zu gleichen.

«Ich beschloss also, meinen Wohnsitz nach Frankreich zu verlegen, wo damals der Puls der lebendigen Welt schlug. Mit schwerem Herzen sagte ich dem Waadtlande Lebewohl, jenem Lande, in dem ich so treue Freunde gefunden habe, die mir halfen, die schweren Jahres des Krieges zu ertragen. Ich werde diesem Lande in meinem Herzen immer ein Gefühl zärtlichen Gedenkens bewahren» schrieb Strawinsky in seiner «Chronique de ma vie». Im Juni 1920 verliess er mit seiner Familie die Schweiz.

Verwandelt man sich zurück in den Spaziergänger am Anfang dieses Essays, sucht man vielleicht noch die Maison Bornand, in der Strawinsky von 1917 bis 1920 gewohnt hat. Das schöne Haus aus dem späten 18. Jahrhundert steht einer Kirche des frühen Klassizismus gegenüber. Über ihrem Eingang liest man die Worte: «A la gloire de Dieu», die Strawinsky auch über die Partitur seiner Psalmensymphonie gesetzt hat.

Paul Hindemith

Hindemiths Oper «Die Harmonie der Welt» entstand in den Jahren 1956 und 57 in Blonay oberhalb des Genfer Sees. Aber ihr schöner Titel ist irreführend. In der grandiosen Schlussszene verwandeln sich die Personen der Oper in die Gestirne, jedoch zu ihrem kosmischen Konzert erleben wir in einer Simultanszene die Ermordung Wallensteins. Irdische Disharmonie im Gegensatz zur Harmonie und kreisenden Ordnung des Kosmos.

Es ist bezeichnend für die Zeit und die Lebensumstände des Komponisten, dass die Idee zu diesem Stoff – sie stammt bereits aus dem Jahr 1939 – so lange auf ihre Verwirklichung warten musste.

Die Beziehung zur Schweiz war für Paul Hindemith bereits in den Jahren vor dem 2. Weltkrieg denkbar wichtig. Seit der Uraufführung seiner Oper «Neues vom Tage» 1929 unter Otto Klemperer in Berlin war der Komponist den Nationalsozialisten unerwünscht. Obwohl sich ein Dirigent von der Bedeutung Wilhelm Furtwänglers mit den Berliner Philharmonikern für die Symphonie «Mathis der Maler» eingesetzt hatte, wurde die Musik Hindemiths auf der Ausstellung «Entartete Musik» in Düsseldorf diffamiert, und der Verlag Schott versuchte vergeblich, eine der führenden Bühnen Deutschlands und die Staatsoper Wien für die Uraufführung der Mathis-Oper zu gewinnen, die dann schliesslich am 28. Mai 1938 in Zürich zu einem grossen musikalischen und auch politischen Ereignis wurde.

Dass ein Werk so hohen künstlerischen und menschlichen Anspruchs im damaligen Deutschland für «entartet» erklärt wurde, erscheint uns heute als Hohn, und daher wurde der überwältigende Erfolg des «Mathis» zu einer besonderen Genugtuung für Hindemith. Er schrieb damals: «Es gibt nur zwei Dinge, die anzustreben sind: anständige Musik und ein sauberes Gewissen, und für beides wird gesorgt.»

Bevor der Komponist auf Anraten seines Verlegers Europa verliess, um in den USA eine Stelle als Dozent anzunehmen, zog er sich mit seiner Frau Gertrud auf ein Jahr nach Bluche im Wallis zurück. Von dort schrieb er im Herbst 1938: «Das Häuschen und die Gegend ist das Schönste, was man sich wünschen kann, eine liebliche Matten – und Baumlandschaft, rings umgeben von den grossartigsten Dingen. Hinter uns die südliche Kette der Berner Alpen, gegenüber die Walliser Schneeriesen und vor uns tief unten das Rhonetal, das man etwa 40 Kilometer weit aufwärts verfolgen kann. Dazu Abgeschiedenheit in einem winzigen Bauerndörfchen voller Kühe und ständigem Gebimmel, das Häuschen mit Sommerveranda und Garten mit Obstbäumen. Was will man da mehr.» Hier entstanden in rascher Folge die Sonaten für Klarinette, Horn, Trompete mit Klavier. Die bezaubernde Harfensonate scheint der Herbstwind des Wallis inspiriert zu haben.

Bereits 1939 in einem Brief aus Bluche erwähnte Hindemith dem Verlag gegenüber den Plan zu einer Kepler-Oper «Die Harmonie der Welt» und nannte die im Sommer und Herbst geschriebenen Bläsersonaten «technische Übungen» für die geplante Oper. Soll man bedauern, dass sie erst 18 Jahre später entstand? Ja und nein, – trotz der Lebensfeindlichkeit der späteren dreissiger Jahre hatte der Komponist in der Schweiz ein vorübergehendes Zuhause gefunden, und der Erfolg des Mathis bestärkte ihn in seiner konzessionslosen Haltung. Das gerade erschienene Ballett «Nobilissima Visione» und das sommerlich gelöste, glücklich inspirierte Violinkonzert von Bluche zeigen einen höchst farbigen, plastischen Stil, der zur Oper geradezu drängt. Der späte Hindemith von 1956/57 macht es sich und den Gesetzen des Theaters mit seiner philosophischen Abstraktion da bedeutend schwerer. Der «Kosmische Klang», wenn man so will, stand ihm jedoch erst in dieser späten Zeit zur Verfügung.

Auf Anregung von Georges Haenni, dem Leiter des Chores «Chanson valaisanne» in Sion, schrieb der Komponist die «Six chansons françaises» auf Gedichte aus den «Vergers» von R. M. Rilke – eine schöne, klingende Verbindung zwischen den zwei grossen Gästen des Wallis. Aber diese Zeit ausserordentlich fruchtbaren, leichten Schaffens fand durch Hindemiths Emigration in die USA nach Ausbruch des 2. Weltkrieges ein Ende.

Es fällt auf, dass Paul Hindemith, genausowenig wie Thomas Mann, nach den Jahren der Emigration nach Deutschland zurückkehrte, sondern es vorzog, vor dessen Toren zu bleiben.

Auf einen Brief seines Freundes und Verlegers Strecker mit der Frage, ob denn nicht die Gestalt Keplers ebenso wie Fidelio und Freischütz auch in Deutschland komponiert werden müsse, antwortete er 1947: «In jüngeren Jahren mag Landschaft, Stimmung, Erziehung und persönliche Verbundenheit zu Dingen und Ereignissen ein wichtiger Stimulans für die künstlerische Arbeit sein;... Es kommt darauf an, wie einer seine Erfahrungen verarbeitet, und nicht darauf, immer wieder neue an Ort und Stelle zu sammeln. Wäre es anders, dann müsste einem ja das Gelüst, einen deutschen Stoff zu behandeln, im Laufe der letzten zwölf Jahre endgültig abhanden gekommen sein. Zum Ausarbeiten tieffundierter Pläne scheint für etwas gesetztere Gemüter der Rhein nicht wichtiger zu sein als der Mississippi, das Connecticut Valley oder die Wüste Gobi.»

Aber es war eben offenbar doch nicht der Mississippi und auch nicht das Connecticut Valley, was ihn anzog, sondern das Wallis, und den Hochsommer 47 verbrachte er mit seiner Frau in Vermala. Dort schrieb er das Klarinettenkonzert für Benny Goodman, eines seiner klangschönsten Werke, mit einem langsamen Satz, in dem die Geräusche der Nacht das Soloinstrument zu begleiten scheinen.

In Rilkes alten Turm von Muzot gab es ein Wiedersehn mit dem Freund Werner Reinhart, dem Hindemith auch die Orchesterfassung von vier Liedern aus dem «Marienleben» widmete.

1951 nahm Paul Hindemith eine Berufung an die Universität Zürich an, wo ein Lehrstuhl extra für ihn geschaffen wurde. Er kam dieser neuen Verpflichtung zunächst in jährlichem Wechsel mit seiner Professur in Yale nach. Seine Antrittsvorlesung in Zürich war ein stark beachteter Vortrag über «Musikalische Inspiration», dessen zweiter Teil in leicht gekürzter Form auch in der Neuen Zürcher Zeitung abgedruckt wurde.

Gertrud und Paul Hindemith mieteten ein Haus in Glattfelden bei Zürich – praktisch wegen seiner Nähe zur Universität und ländlich zugleich. Es ist sehr bezeichnend, dass dort als erstes Werk nach seiner Rückkehr in die Schweiz und nach Europa die Symphonie «Die Harmonie der Welt» entstand, als musikalische Skizze der Oper sozusagen, die Hindemith noch vor seiner Emigration 1939 in Bluche geplant hatte. Geschrieben wurde die Symphonie als Auftragswerk für Paul Sacher und den 25. Geburtstag seines Basler Kammerorchesters. Bei der Uraufführung am 25. Januar 1952 gab ihr der Komponist folgende einleitende Worte mit: «Die drei Sätze der Symphonie sind konzertmässig verarbeitete Musikstücke aus einer Oper. Diese handelt vom Leben und Wirken Johannes Keplers, den ihn fördernden und hindernden Zeitereignissen und dem Suchen nach Harmonie, die unzweifelhaft das Universum regiert. Die Titel der Sätze (Musica instrumentalis, Musica humana, Musica mundana) beziehen sich auf die bei den Alten oft anzutreffende Einteilung der Musik in drei Klassen und wollen auf all die früheren Versuche hinweisen, die Weltenharmonie zu erkennen und die Musik als ihr tönendes Gleichnis zu verstehen...»

Man scheut sich, Hindemiths Worten etwas hinzuzufügen – hingewiesen sei immerhin auf das Trompetenfanal des Anfangs über den wirbelnden und schwirrenden Streichern, einem tönenden Spiralnebel, auf den schwebenden unendlich zarten Schluss der Musica humana, und auf das höchst merkwürdige Rezitativ in der Mitte der 21-teiligen Passacaglia des mächtigen Finalsatzes, das später in der Oper die Worte der Venus begleitet.

Das bedeutende Werk wurde auch unter Wilhelm Furtwänglers Leitung bei den Salzburger Festspielen 1952 zum Ereignis.

Im selben Jahr begann Hindemith mit der Bearbeitung seiner Oper Cardillac, milderte deren expressionistische Schärfen, erweiterte das Werk durch die höchst virtuose Einfügung von Lullys «Phaeton» als Theater auf dem

Theater und griff vor allem auch entscheidend in den Text ein. All diese Operationen aber nahmen dem Cardillac von 1926 seine einzigartige Geschlossenheit und radikale Wirkung, so dass die Uraufführung dieser zweiten Fassung am 20. Juni 1952 unter Victor Reinshagen in Zürich nur ein halber Erfolg wurde und der Cardillac sich gegen den Willen seines Schöpfers in der ursprünglichen Gestalt behauptet hat.

Paul Hindemith und seiner Frau war die Zeit im Walliser Bluche unvergessen, und so machten sie sich, als der Komponist sich entschloss, seine Tätigkeit in Yale zugunsten von Zürich aufzugeben und sich endgültig in der Schweiz niederzulassen, auch wieder zunächst im Rhônetal auf Häusersuche – fanden aber erst in Blonay oberhalb von Vevey, was sie suchten: ein Haus, herrlich gelegen mit Blick auf das Schloss und in seinem Hintergrund die Dents du Midi, noch dazu mit dem Namen «La Chance». Dies also war die Harmonie der Welt, in der die Oper und die letzten Werke entstanden. Mit besonderer Liebe hingen Gertrud und Paul Hindemith an ihrem Garten, in dem sich auch ein Gartenhaus, eine Art Komponierhäuschen befand, das Hindemith mit seinen eigentümlichen Malereien schmückte, auf denen allerlei Fabeltiere und freundliche Ungeheuer ihr Wesen treiben. Darunter der strahlende kleine Löwe, Sternbild seiner Frau Gertrud.

Die Gestalt und das Werk von Paul Hindemith treten in den letzten Jahren erneut in ihrer staunenswerten Vielfalt und Kraft in das Bewusstsein der Öffentlichkeit. Die bisweilen arrogante Abwertung des Komponisten durch die Vertreter der Schönberg-Schule ist einer gerechteren Beurteilung gewichen. Söhne scheinen es mit der Schätzung und Bewunderung ihrer grossen Väter besonders schwer zu haben; wir, in der Generation der Enkel sozusagen, haben mehr Abstand zu Hindemith und haben es dadurch leichter. Paul Hindemith hat zu dem verhärteten Bild, das man sich leicht von ihm machte, selbst beigetragen. Seine Äusserungen der Wiener Schule gegenüber waren gereizt, u. a. durch Adornos zwar glänzend formulierte, aber falsch gefühlte Argumente, die den grossen Mann zum brav-soliden Handwerker degradierten.

Bei der Verleihung des Pour le Mérite 1963 ging Hindemith so weit, gewisse Praktiken der zeitgenössischen Musik mit «Sterbenden Wässern», so der Titel seines Vortrags, zu vergleichen – kaum die richtige Art der Argumentation, auch bei ehrlichster Gesinnung. Hält man sich vor Augen, mit welcher Geschwindigkeit sich das Rad des musikalischen Fortschritts während seiner Schweizer Jahre drehte, war es wenig verwunderlich, dass sich auch ein so berühmter Komponist wie Paul Hindemith isoliert fühlen konnte und zu seinen Überzeugungen über Wert und Aufgabe der Musik streitbar Stellung nahm.

Hindemiths geniale Frühwerke sind ein Feld für die aufregendsten Entdeckungen. Bernhard Sekles, sein Kompositionslehrer am Konservatorium in Frankfurt, sagte damals von ihm: «Den kennt ihr nicht, der ist ganz anders.» Das Erstaunlichste an diesen Frühwerken sind ihre «Nachtstükke» – einzigartig in ihrer Sensibilität und atmosphärischen Dichte. Unwillkürlich denkt man an Kandinskys Bilder im Münchner Lenbachhaus. Fast will einem die motorische Kraft der Allegrosätze wie ein Panzer gegen so viele Abgründe erscheinen.

In den Werken aus dem Umfeld des «Mathis» gibt es diese extreme Trennung von Innen- und Aussenwelt nicht, sie bemühen sich um einen Ausgleich und sind bisweilen von fast auftrumpfend affirmativem Charakter.

Den Spätwerken dagegen wächst ein ganz eigentümlicher, kosmischer Klang zu. Etwas Faustisches besitzt Hindemith auch schon früher, aber nun hat Faust seine Studierstube verlassen und bewegt sich sozusagen «auf Bergeshöhn», einem faszinierenden und zugleich beschwerlichen Gebiet.

Kurz nach seiner Niederlassung in Blonay erreichte Hindemith ein Kompositionsauftrag der Unesco für eine Kantate. Als Textdichter wurde Paul Claudel gewonnen, der Hindemith als Resultat einer «véritable inspiration», wie er schrieb, zuerst den Text des «Cantique de l'Espérance» schickte, der heute den letzten Teil des Tryptichons «Ite Angeli Veloces» bildet. Der idealistische Versuch der Einbeziehung des Publikums in den Schlusschor scheint dem Erfolg des Werkes jedoch eher geschadet zu haben, da ihm die peinliche Aura des Gemeindegesangs im Konzertsaal anhaftet, so schön die Idee als solche sein mag.

1954 erinnerte sich Paul Hindemith seines Klarinettenquintetts op 30 von 1923 und gab es in einer Neufassung heraus. Das Werk ist ausserordentlich typisch für den Hindemith der zwanziger Jahre. Die Klarinette darf nicht nur herbstlichen Wohllaut verströmen, sondern wird aggressiv auch in penetranten Höhenlagen eingesetzt, was ihr übrigens schon Richard Strauss in der «Salome» zugemutet hatte. An vierter Stelle steht wiederum ein faszinierendes Nachtstück, in dem das Soloinstrument auf die exaltierten Glissandi und Pizzicati der Streicher nur mit lang verklingenden Pedaltönen antwortet – ein Meisterwerk.

Es ist Werner Reinhart gewidmet und erinnert an dessen grossen Einsatz für den jungen Komponisten. Hindemiths Werke wurden in den zwanziger und dreissiger Jahren in Winterthur mit grosser Regelmässigkeit aufgeführt. Bezeichnend für die Herzlichkeit der Beziehung zwischen Hindemith und Reinhart ist auch die Tatsache, dass «Die Serenaden op 35», die poetische Hochzeitsgabe des Komponisten an seine Frau, bei einem Hauskonzert des Musik-Kollegiums am 15. April 1925 durch Gertrud und Paul Hindemith uraufgeführt wurden. Eine versteckte Zärtlichkeit: die Sopranstimme wird bei der Stelle «Ach wann schliesst in meinen Armen sich dein blaues Auge zu» nur von der Bratsche, dem Instrument Paul Hindemiths, begleitet...

Als zweites Kammermusikwerk entstand 1955 in Blonay die Sonate für Basstuba und Klavier, die den riesigen Sonatenzyklus des Komponisten höchst eigenwillig beschliesst. Der Komponist ist in dieser enormen Produktion bisweilen zum Gefangenen seiner eigenen Ordnungsprinzipien geworden und damit zum Kopisten seiner eigenen Musik. Diese letzte Sonate aber ist wiederum höchst originell: wer die seit Wagner und Bruckner mit dem pesanten Instrument verbundene Weihe und Majestät erwartet, wird überrascht sein. Grosse, vielleicht durch Hindemiths Beschäftigung mit der 12-Ton Musik beeinflusste Intervalle schaffen neue Melodieformen. Der 2. Satz ist leicht verjazzt und lässig: Hindemiths hintergründige Zeichnungen scheinen hier musikalische Gestalt angenommen zu haben, und das Soloinstrument bewegt sich mit geradezu unheimlicher Behendigkeit.

Hindemith war als Dirigent während seiner Schweizer Jahre ausserordentlich aktiv. Er dirigierte in den USA, in Japan und Südamerika und selbstverständlich in Europa, darunter Eliteorchester wie die Berliner und Wiener Philharmoniker. Höchst selten stand auf seinen Programmen mehr als ein eigenes Werk. Er dirigierte mit Vorliebe Klassik, frühe Romantik und von den Zeitgenossen u. a. Strawinsky, Berg, Webern, Schönberg – auffallenderweise also auch Werke der Wiener Schule, offenbar als Lernprozess.

1956 aber schränkte er das Dirigieren drastisch ein und begann die textliche Ausarbeitung der «Harmonie der Welt». 1957 war er gezwungen, aus gesundheitlichen Rücksichten auch seine Lehrtätigkeit an der Universität Zürich aufzugeben, an die er nur für Extravorlesungen über Schönbergs Streichquartette und Gesualdos Madrigale zurückkehrte. Bis zum Mai 1957 entstand nun in grosser Konzentration die Oper «Die Harmonie der Welt».

Hindemiths Kepler-Oper hatte bei ihrer Uraufführung zur Eröffnung der Münchner Festspiele 1957 nicht die Resonanz, die ihrer Bedeutung entspricht. Der Komponist dirigierte selbst und war mit der szenischen Realisierung seines Werkes nicht gerade glücklich. Ohne Zweifel als Opus magnum geplant, ist das Werk Träger weltanschaulicher und künstlerischer Überzeugungen des Komponisten. Aber die Zeichen dieser Zeit standen schlecht für eine Bekenntnisoper.

Boulez' «Marteau sans Maître», Nonos «Canto sospeso», Bernd Alois Zimmermanns «Soldaten», aber auch Hans Werner Henzes «König Hirsch» mit seiner wiedergefundenen lyrischen Freiheit wurden in diesen fünfziger Jahren geschrieben. Hindemith stand mit seiner Frage nach der Harmonie der Welt, die ja wohl kaum nur eine Frage von gestern ist, quer zu seiner Zeit. Der Komponist rang schwer und lange mit dem riesigen Stoff. Gross gedacht, verrät der

Text eine gewisse Anstrengung und könnte durch eine vorsichtige Straffung und Konzentration nur gewinnen.

Die Gestalten der Oper dieses widersprüchlichen Welttheaters sind Gefangene ihrer Ideen und Wahnideen. Nur Keplers zweiter Frau gelingt es, «das reine klare Lied irdischen Wohlklangs» in diese Disharmonie zu bringen. Mit ihr hat Hindemith eine Gestalt von einzigartigem Zauber geschaffen, ihr Lied am Ende des 2. Aktes «So wurde ich eine Braut mit einem Kranze von Planeten» ist von grosser Schönheit, aufgehängt zwischen den fernen Sternenwelten und den kleineren, aber möglichen Harmonien des Herzens.

Kepler, gewohnt, in anderen Grössenordnungen zu denken, muss am Ende begreifen, dass die von ihm erkannte Harmonie der Gestirne nicht in den Bezügen unserer Welt zu erleben ist. Aber die «Harmonie der Welt» bleibt keine blosse Utopie. Auf seine Worte tiefster Skepsis antworten dem sterbenden Kepler die Gestirne und beschliessen das Werk in einer visionären Schlussszene als tönender Glaube, als Musik.

Das ist ein ungeheurer Stoff, aber auch ein ungeheuer Anspruch. Mehr Ideendrama als Oper, ist die «Harmonie der Welt» mit ihrer Fragestellung und ihrer Skepsis, aber auch mit ihrer Besinnung auf eine höhere Ordnung zutiefst ein Werk für unsere Zeit, das es in seinem gedanklichen und musikalischen Reichtum noch zu entdecken gilt.

Nach dem grossen Ernst der Bekenntnisoper wirkt das Oktett für Bläser und Streicher von 1958 wie eine glückliche Befreiung. Bei grösster Dichte gelang Hindemith hier ein Werk geselliger Unterhaltung, geboren aus der Freude an einer geradezu stupenden Beherrschung aller kompositorischen und klanglichen Mittel. Die schmerzlichen Anfangstakte weichen bald einer turbulenten Spielfreude, und auch der nachdenkliche langsame Satz trübt nicht wesentlich die sprühende Laune dieses geistreichen Werkes.

Der Komponist nannte sein Oktett in dem für ihn bezeichnenden Understatement «brauchbar», das ist es denn auch in höchstem Masse. Es wurde für die Kammermusikvereinigung der Berliner Philharmoniker geschrieben und der Komponist griff bei der Uraufführung nach langen Jahren der Abstinenz noch einmal zur Bratsche.

Das symphonische Pendant zum Oktett ist die ebenfalls 1958 komponierte «Pittsburgh Symphony», ein äusserst brillantes Orchesterstück für die 200 Jahr-Feier dieser Stadt. Zwei motorisch-lärmende Ecksätze suggerieren die Atmosphäre und Hektik der Grossstadt. Sie umrahmen einen ausgedehnten langsamen Satz, ein weitgespanntes Nachtstück, in dem die Zeit aufgehoben scheint und in dessen Ruhe die Realität einen Augenblick lang umso diesseitiger und brutaler eindringt.

Bei der Vitalität dieser Partituren wäre es falsch, wollte man den Hindemith dieser Jahre einzig auf Resignation und philosophische Skepsis festlegen. Das Oktett und die Pittsburgh Symphony zeigen eine andere, wichtige Seite des Komponisten und des Menschen Hindemith: seinen Humor. Von seiner Warmherzigkeit und geselligen Beziehung zu Freunden und Gönnern zeugen seine Glückwunschkarten und Eintragungen in Gästebücher, stets begleitet von skurrilen Zeichnungen.

Bei der Fülle menschlicher Beziehungen während seiner Lehrtätigkeit und seines geradezu zwanghaften Reisens als Dirigent müssen Haus und Garten von Blonay die notwendige Ergänzung für Hindemith gewesen sein. Photos zeigen den untersetzten, uneitlen Mann als Gärtner mit Rechen und Schürze – ein anderesmal sitzt er einträchtig neben seiner Frau und schaut in die grosse Landschaft, in die sein Garten eingebettet lag. Und man empfindet, dass Blonay für ihn eine Rückkehr ins Vertraute war, eine Fortsetzung von Bluche, das wiederum zurückgeht auf die in Muzot verbrachten Wochen.

Warum Hindemith dieses Paradies so oft verliess, um sich den Strapazen ausgedehntester Konzertreisen auszusetzen, anstatt in Ruhe zu komponieren, bleibt ein Rätsel. Aber vielleicht war ihm klar, dass Paradiese leicht zum Gefängnis werden können, verliert man den Kontakt zur Aussenwelt.

Einen heiteren Bezug zur Schweiz bietet der «Marsch für Orchester über den alten Schweizerton» von 1960, mit dem Hindemith der Universität Basel zum 500jährigen Bestehen gratulierte. Das kurze und gutgelaunte Werk ist Paul Sacher gewidmet.

Aus ganz anderem Stoff sind die verbleibenden Spätwerke. Weisen auch die Weinheber-Madrigale schon voraus auf die Messe von 1963, so treibt Hindemith die Zurücknahme der Mittel in seiner einaktigen Oper «Das lange Weihnachtsmahl» bis zum Äussersten, so dass man geradezu von einer Verweigerung des Theaters sprechen kann. Der Einakter von 1960, dessen resignierende Indifferenz nicht anderes als die Zeit selbst darstellt, ist gearbeitet wie eine Graphik. Mit Ausnahme einer Szene wird auf jede Dramatik verzichtet – 90 Jahre der Familie Bayard im Mittleren Westen fliessen in *einem* Weihnachtsabend zusammen. Thornton Wilders Text und die Musik Paul Hindemiths sind bewundernswert stimmig, die Personen bleiben – ohne Zweifel beabsichtigt – Schemen.

Eine Reise in die USA brachte die Einstudierung der neuen Oper an der Juillard School in New York, aber auch ein Wiedersehn mit Igor Strawinsky. Ihre gegenseitige Wertschätzung zeigte sich darin, dass Hindemith die «Danses concertantes» und die «Cantata» des grossen Russen in seinen Konzerten dirigierte, während Strawinsky Hindemiths Erscheinen ein glückliches Ereignis in unseren Tagen nannte, weil er ein gesundes Prinzip inmitten so vieler Dunkelheit verkörpere.

Das Orgelkonzert von 1962 lebt von der Gegenüberstellung von Ordnung und schöpferischem Chaos, und der Kampf von Licht und Finsternis ist geradezu der Schlüssel zu dem eigenwilligen und philosophischen Werk. Der 1. Satz ist auf dem Gedanken eines einzigen Crescendos aufgebaut. In den beiden folgenden Sätzen stören die Einwürfe des Orchesters bewusst die bereits vom Klangcharakter des Soloinstruments ausgehende Majestät und Ruhe. Diese ersten drei Sätze sind ausserordentlich zwingend, da sie aus eben diesen Störungen neue und faszinierende Impulse erhalten. Der 4. Satz sucht durch die staunenswerte Demonstration aller Kompositionsmittel und das Zitat der Pfingsthymmne mehr zu überreden, als dass er ganz zu überzeugen vermag, da die Klangmassen, ähnlich wie bei Bruckner, die Aussage fast in Frage stellen.

Nicht in Frage gestellt wird hingegen die Kühnheit dieses Werkes. Es wurde am 25. April 1963 in der Philharmonic Hall in New York uraufgeführt. Am 9. und 10. November dirigierte es Hindemith auch im Musikvereinssaal in Wien.

Das Photo, das Paul Hindemith am Ende dieses letzten Konzertes mit den Wiener Philharmonikern zeigt, macht betroffen, denn Haltung und Gesichtsausdruck erinnern an die Worte, die den Schluss seiner musikalischen Poetik «Komponist in seiner Welt» bilden. Dort heisst es: «Denke nie an dich selbst, frage immer, was kann ich meinem Nächsten geben. Der innerste Grund für solche Bescheidenheit ist die Überzeugung des Musikers, dass jenseits aller rationalen Erfahrung und aller Kunstfertigkeit eine Region der Vision und des Unerforschbaren liegt, in der die verschleierten Geheimnisse der Kunst wohnen... Wir können diese Region nicht betreten, wir können nur hoffen, als einer ihrer Verkünder auserlesen zu sein».

Auf diesem letzten Photo erscheint Paul Hindemith als überzeugter und überzeugender Vertreter seiner Worte. Dass er 1963 als letztes Werk eine a-capella Messe geschrieben hat, nimmt nach diesen Worten nicht wunder, denn seine Botschaft war seit langem unüberhörbar – es ging ihm um die Harmonie der Welt.

Anhang

Verwendete und zitierte Literatur

Hensel, S.	Die Familie Mendelssohn nach Briefen und Tagebüchern 1879 Berlin
Klessmann, E.	Die Mendelssohns 1990 Artemis
Kupferberg, H.	Die Mendelssohns 1972 Wunderlich
Metzger, H. K.	Felix Mendelssohn – Bartholdy 1980 Musikkonzepte
Rauft, P.	Felix Mendelssohn-Bartholdy. Eine Lebens-chronik Deutscher Verlag für Musik, 1972 Leipzig
Reich, W.	Felix Mendelssohn 1970 Manesse Zürich
Sutermeister	Felix Mendelssohn-Bartholdy. Briefe einer Reise 1958 Max Niehans Verlag AG
Varnhagen von Ense, K. A.	Denkwürdigkeiten des eigenen Lebens 1987 Deutscher Klassiker Verlag
Werner, E.	Mendelssohn 1980 Atlantis
Worbs, H. C.	Felix Mendelssohn 1981 Rowohlt

Bory, R.	Une retraite romantique en Suisse 1930 Paris
Burger, E.	Franz Liszt 1988 Fayard
Dömling, W.	Franz Liszt und seine Zeit 1985 Laaber Verlag
Gut, S.	Franz Liszt 1989 Editions de Fallois/L'Age de l'Homme
Helm, E.	Franz Liszt 1986 Rowohlt
Kusche, L.	Franz Liszt 1961 München
Liszt, F.	Briefwechsel zwischen Wagner und Liszt 1919 Leipzig
Liszt, F.	Briefe an Marie d'Agoult 1933 S. Fischer
de Pourtalès, G.	La vie de Franz Liszt 1980 Gallimard
Sand, G.	Lettres d'un voyageur 1970 et 1971 Bibliothèque de la Pléiade
Walker, A.	Franz Liszt, The Virtuoso Years 1983 Faber and Faber

Adorno, Th.	Versuch über Wagner 1954 Knaur
Erismann, H.	Richard Wagner in Zürich 1987 Verlag NZZ
Gregor Dellin, M.	Richard Wagner 1980 Piper
Gregor Dellin, M.	Richard Wagner. Eine Biographie in Bildern 1982 Piper
Gregor Dellin, M.	Richard Wagner, Chronik 1983 dtv
Gutman, R.	Richard Wagner. Der Mensch, sein Werk, seine Zeit 1985 Heyne
Mayer, H.	Anmerkungen zu Richard Wagner Edition Suhrkamp
Müller/Wapnewski	Wagner Handbuch 1986 Kröner
Voss, E.	Richard Wagner. Leben und Werk in Bildern und Dokumenten 1982 Piper/Schott
Wagner, R.	Briefe 1982 Piper und Co.
Wagner, R.	Seine Zeit in Luzern Das Museum in Tribschen Keller und Ko, AG Buchverlag
Wapnewski, P.	Der traurige Gott Richard Wagner in seinen Helden 1982 dtv
Wapnewski, P.	Die Szene und ihr Meister 1978 C. H. Beck

Gal, H.	Johannes Brahms. Leben und Werk 1980 Fischer
Gal, H.	Brahms Briefe Fischer
Höcker, K.	Johannes Brahms. Begegnung mit dem Menschen 1986 dtv
Litzmann, B.	Clara Schumann – Johannes Brahms, Briefwechsel 1927 Leipzig
Neunzig, H. A.	Johannes Brahms. Symphonische Sommer 1983 Mahnert Lueg
Widmann, J. V.	Johannes Brahms in Erinnerungen 1947 Basel
Widmann, J. V.	Sizilien und andere Gegenden Italiens Reisen mit Johannes Brahms 1912 Frauenfeld
Rehberg, W. und P.	Johannes Brahms. Sein Leben und Werk 1963 Artemis
Zimmermann, W. G.	Brahms in der Schweiz 1983 Atlantis

Kralik, H.	Richard Strauss. Weltbürger der Musik 1963 Wollzeilen Verlag
Krause, E.	Richard Strauss. Gestalt und Werk 1988 Piper
del Mar, N.	Richard Strauss vol 1-3 1986 Cornell University Press New York
Schuh, W.	Richard Strauss. Jugend und frühe Meister-jahre 1976 Atlantis
Schuh, W.	Briefwechsel Richard Strauss – W. Schuh 1969 Atlantis
Strauss, R.	Betrachtungen und Erinnerungen 1981 Piper/Schott
Strauss, R.	Richard Strauss. Eine Welt in Briefen 1967 Schneider Tutzing
Wilhelm, K.	Richard Strauss persönlich Eine Bildbiographie 1984 Kindler
Zweig, St.	Briefwechsel mit Richard Strauss 1957 S. Fischer

Bonis, F.	Bela Bartok. Sein Leben in Bilddokumenten 1981 Atlantis
Citron, P.	Bela Bartok 1963 Editions du Seuil
Fuchs, W.	Bela Bartok und die Schweiz 1973 Hallwag AG
Helm, E.	Bela Bartok 1965 Rowohlt
Moreux, S.	Bela Bartok 1952 Atlantis
Reich, W.	Bela Bartok. Eigene Schriften und Erinnerungen der Freunde 1958 Benno Schwabe u. Co.
Szabolcsi, B.	Bela Bartok. Weg und Werk, Schriften und Briefe 1972 dtv
Zielinsky, T. A.	Bela Bartok 1973 Atlantis

Burde, W.	Igor Strawinsky. Leben, Werke, Dokumente 1982 Piper/Schott
Craft, R.	Strawinsky 1960 Langen-Müller
Dömling, W.	Igor Strawinsky. Selbstzeugnisse und Bilddokumente 1982 Reinbeck
Lindlar, H.	Lübbes Strawinsky Lexikon 1982 Lübbe
Ramuz, C. F.	Erinnerungen an Igor Strawinsky Suhrkamp
Strawinsky, V./Craft, R.	Strawinsky in pictures and documents 1978 New York Simon and Schuster
Strawinsky, J.	Sein Nachlass, sein Bild Kunstmuseum Basel 1984 in Zusammenarbeit mit der Paul Sacher Stiftung
Tappolet, Cl.	Correspondance Ansermet-Strawinsky vol. 1 et 2 1990 Georg Editeur SA
Bapp, M.	Studien zu Strawinsky Histoire du Soldat 1978 Regensburg

Paul Hindemith

Briner, A.	Paul Hindemith 1971 Atlantis
Briner, Rexroth, Schubert	Paul Hindemith 1988 Atlantis/Schott
Haenni, G.	Paul Hindemith en Valais et la Chanson Valaisanne 1982 Schweiz. Musikzeitung
Hindemith, P.	Komponist in seiner Welt 1959 Atlantis
Hindemith, P.	Zeugnis in Bildern 1955 Schott's Söhne
Hindemith, P.	Die letzten Jahre 1961 Ein Zeugnis in Bildern. Schott's Söhne
Hindemith, P.	Jahrbuch 1971,1 - 1972,2 Schott's Söhne
Schubert, G.	Paul Hindemith 1986 Rowohlt
Stuckenschmidt, H.	Paul Hindemith in «Schöpfer der Neuen Musik» 1958 Frankfurt a. M.
Sulzer, P.	Zehn Komponisten um Werner Reinhart 1980 300. Neujahrsblatt der Stadtbibliothek Winterthur